Zu diesem Buch

Die erfahrene schamanische Lehrerin Namua Rahesha bietet in diesem Buch eine höchst praktische Einführung in den Schamanismus. Sie zeigt, wie man die schamanischen Techniken benutzt, um die eigenen Kräfte zu mobilisieren, andere Realitäten kennenzulernen und den Sinn des eigenen Lebens zu finden. Sie stellt verschiedene Methoden des schamanischen Reisens in andere Dimensionen vor und erklärt, wie schamanische Werkzeuge funktionieren und wie man sie einsetzt. Sie macht den Leser auch mit dem Medizinrad, den Krafttieren und den verschiedenen Lebenszyklen vertraut.
Namua Rahesha nimmt den Leser auf eine Abenteuerreise mit, auf der er seine eigenen Erfahrungen machen und die Gültigkeit des schamanischen Wissens selber überprüfen kann.

Namua Rahesha hat ihre Ausbildung zur Schamanin bei Kenneth Meadows erhalten, neben Michael Harner der renommierteste Kenner des Schamanismus. Sie hat sich in ihrem Leben mit den verschiedenen esoterischen Traditionen des Ostens und Westens beschäftigt. Sie hält regelmäßig Workshops über Schamanismus.

Weitere Bücher über Schamanismus in der Reihe rororo transformation: Lynn Andrews: «Die Medizinfrau» (18392), Michael Harner: «Der Weg des Schamanen» (60144), Nicki Scully: «Der goldene Kessel» (19935), Mary Summer Rain: «Spirit Song» (18537), Mary Summer Rain: «Der Phönix erwacht» (18558) und Mary Summer Rain: «Weltenwanderer» (18722).

Namua Rahesha

Der Kreis und die Schlange

SCHAMANISMUS
FÜR PRAKTIKER

Mit einem Vorwort
von Kenneth Meadows
Deutsch von
Diane von Weltzien

Rowohlt

rororo transformation
Herausgegeben von Bernd Jost

Deutsche Erstausgabe
Veröffentlicht im Rowohlt Taschenbuch Verlag
GmbH, Reinbek bei Hamburg, Mai 1998

Die Originalausgabe erschien 1994 unter dem Titel
«The Serpent and the Circle» bei Judy Piatkus
(Publishers) Ltd, London

Kapitelvignetten: Ursula Kolarz
Umschlaggeschaltung: Walter Hellmann
(Illustration: ZEFA-SIS)
Satz Minion PostScript (PageOne)
Gesamtherstellung Clausen & Bosse, Leck
Printed in Germany
ISBN 3 499 60496 5

Durch Alleinsein zu All-Einssein.
Ein schamanischer Weg zu
Harmonisierung und Erkenntnis.

Inhalt

Vorwort

Seit ich selbst den Schamanismus entdeckt habe, gehört es für mich zu den größten Freuden, den Geist eines anderen Menschen dabei zu beobachten, wie er im eigenen Erstrahlen andere mit der Schönheit seiner einzigartigen Individualität und Kreativität berührt. Die Lektüre von Namuas Buch war eine solche Erfahrung für mich. Ich hatte die Ehre und die Verantwortung, Namuas schamanischer Lehrer auf ihrem Weg der Selbstentdeckung zu sein. Ein Weg, der es ihr ermöglicht hat, ihre eigenen Antworten auf diese fundamentalen Fragen zu finden, die uns alle verwirren: «Wer bin ich?», «Warum bin ich hier?», «Wofür bin ich hier?», «Wie kann ich meinem Leben einen wirklichen Sinn geben?» Auf den folgenden Seiten werden Namuas persönliche Wahrnehmungen und Einsichten, die sie dem Erleben des Außergewöhnlichen verdankt, während sie zugleich ein normales Leben führte, auch für andere zu einem leitenden Signalfeuer.

Namua zeigt in einfachen Worten, wie wir alle die Freude erfahren können, die sie gefunden hat, indem wir den Kreis unserer Wahrnehmung ausdehnen und somit Wirklichkeiten erforschen, die jenseits der Welt der Erscheinung liegen. Aufgrund solch grundlegender Erfahrungen ist die Entdeckung und Freisetzung einer Fülle möglich, die in jedem von uns vorhanden ist, und die eines Potentials, von dessen Existenz wir keine Ahnung hatten.

So viele Bücher über persönliche Entwicklung und andere esoterische Themen setzen sich das Ziel, den Geist mit einer Überfülle an Ideen zu bereichern, was häufig nur dazu führt, das im Inneren schlafende Wahrnehmungsvermögen zu blockieren statt es zu wekken. Dies gilt nicht für *Der Kreis und die Schlange.* Namuas Herangehensweise befreit den Geist von solchen Konditionierungen und bietet Herausforderungen, die den Leser auf bedeutsame und aufregende Weise auf einen Weg der Selbstentdeckung führen.

Sie schöpft aus ihrer eigenen praktischen Erfahrung mit der Anwendung schamanischer Prinzipien, die uns auch dann der Natur näherbringen, wenn wir im Herzen einer Stadt leben, und die uns die Entdeckung der jedem Menschen innewohnenden Spiritualität ermöglichen, die wir unabhängig davon, wo wir uns aufhalten, im Hier und Jetzt unseres alltäglichen Lebens erfahren können.

Im Schamanismus geht es also nicht darum, eine Reihe von Vorstellungen oder irgendein metaphysisches Weltbild zu akzeptieren. Sie müssen keinen Glauben an die Existenz anderer Wirklichkeiten als der «normalen» Alltagswirklichkeit aufbringen, weil Sie sie selbst erfahren können. Diese Erfahrung wird ermöglicht durch die Erweiterung des Bewußtseins – oder durch, wie manche es nennen, einen veränderten Bewußtseinszustand. Damit handelt es sich nicht um einen hypnotischen Zustand, noch wird er durch Drogen herbeigeführt. Es geht auch nicht darum, unter der Kontrolle oder unter dem Einfluß eines anderen Menschen zu stehen. Weder der Geist noch der freie Wille werden beeinträchtigt, und das ist ein entscheidender Grundsatz.

Diese Öffnung des Bewußtseins für eine Wirklichkeit außerhalb der gewohnten wird normalerweise auf der Basis einer vollkommenen Entspannung akustisch erreicht. Ein Trommelrhythmus transportiert das Bewußtsein auf einer Welle des Klangs von einem Seinszustand in einen anderen und bringt es ebenso sicher in seinen «gewohnten» Zustand zurück.

Auch wenn solche Erfahrungen auf den ersten Blick ungewöhnlich scheinen mögen, so sind sie doch vollkommen natürlich, denn wir sind als Menschen in Wahrheit mehrdimensionale Wesen. Wir existieren und funktionieren zur gleichen Zeit und am selben Ort auch noch auf anderen Ebenen der Wirklichkeit. Neben den uns vertrauten physischen und mentalen «Bewußtseinsreisen» stellen sie eine Möglichkeit dar, diese anderen Dimensionen unseres Seins zu erleben. Mit anderen Worten: die Seele und den Geist zu erleben, die unsere inneren Wirklichkeiten sind.

Schamanismus befaßt sich also mit dem Blick nach *innen* und mit dem Verständnis des wesenhaften Geistes – der *inneren Wirklichkeit* –, welchen die Natur und alle Lebewesen besitzen, statt nur mit der Wahrnehmung und Reaktion auf eine äußere Erscheinung. Doch vor allem befaßt er sich mit dem Blick auf das eigene *Selbst* und mit dem Begreifen der eigenen inneren Dynamik. Wer sich damit befaßt, findet heraus, daß unsere individuellen Leben tatsächlich eine Bedeutung und einen Sinn haben. *Der Kreis und die Schlange* wird Sie dabei unterstützen, einen Anfang auf dieser Entdeckungsreise zu machen.

Kenneth Meadows
Juli 1994

Kenneth Meadows ist ein international anerkannter Spezialist auf dem Gebiet des zeitgenössischen Schamanismus und Autor von vier Büchern (siehe Literaturangaben*).*

Einführung

Ich stand mit dem Gesicht dem Sonnenaufgang zugewandt. Im Morgengrauen war ich allein am Ufer eines scheinbar ausgedehnten Sees. Die Zeit verstrich, und während ich wartete, wurde mir nach und nach bewußt, daß ich nicht allein war. Ein Mann und eine Frau kamen auf mich zu. Sie beide waren nackt. Wie im gegenseitigen Einvernehmen blieben sie, als sie eine bestimmte Stelle erreicht hatten, stehen. Beinahe in Zeitlupe beugte sich der Mann vor, um die Frau hoch über seinen Kopf zu heben, dann warf er sie mit übermenschlicher Kraft in Richtung des Meers. Sie flog darüber hinweg, so daß es mir, die ich noch immer vom Ufer aus zusah, vorkam, als schwebe sie über dem Wasser, um einen Platz für die Landung zu suchen.

Nun fiel mir eine kleine Schildkröte auf, die auf sie zu schwamm. Irgendwie landete, ja fiel die Frau fast auf ihr nieder, fand jedoch ihr Gleichgewicht im letzten Moment wieder. Die Schildkröte vermochte sie zu tragen. Indem sich die Frau aufrichtete, schien sie zu wachsen, wurde zu einem riesigen, ausgedehnten Wesen, dessen Kopf sich zwischen den Sternen befand, und der Rükken der Schildkröte wurde zur Wölbung der Erde.

Noch immer am Ufer nahm ich etwas wahr, was auf mich zu flog. Es war eine Biene. Sie landete vor mir, und ich sah sie an. Sie hatte etwa die Größe eines Pferdes, und ich unterdrückte meine Furcht. Obwohl ich ihn nicht sehen konnte, spürte ich die Anwesenheit meines Lehrers und war beruhigt. Ich fand mich auf dem Rücken der Biene wieder, als sie zurück zu ihrem Bienenstock flog. Nach der Landung glitt ich von ihrem Rücken hinunter und ging neben ihr her, als sie mich tiefer und tiefer in den Bienenstock führte. Ich schritt durch sechseckige Korridore aus sauberem, hellem Wachs. Bienen, die alle sehr viel größer waren als ich, drängten sich um mich herum. Ich biß die Zähne aufeinander und folgte meinem Führer.

Schließlich kamen wir in einen Raum, in dem ich die Bienenkönigin erkannte. Ich wandte mich ab, um zu gehen, doch ihre Worte hielten mich zurück.

«Willkommen, kleine Biene. Gehe nun in Angst und Trauer oder bleibe mit Freude und Vertrauen, denn auch du bist eine Biene, eine kleine Arbeiterbiene. Da das wirkliche Lebewesen der Bienenstock ist und die Bienen die Zellen eines lebendigen Körpers sind, dienen sie alle dem Bienenstock, von dem sie ein Teil sind, und also ist die Erde dein Bienenstock, kleine Arbeiterbiene. Stirb allein in der Kälte oder diene dem Einssein. Alle Lebensformen auf der Erde sind wie Bienen in einem Bienenstock.»

«Besitzen wir denn dann überhaupt keine Individualität?» schrie ich, fast wütend.

«Ja, Bienenstöcke, wenn sie bereit sind, bringen neue Königinnen und Bienenvölker hervor. Blicke zurück in die Geschichte, und du wirst viele Versuche erkennen, neue Königinnen hervorzubringen. Doch du warst noch nicht bereit. Erst mußt du dem Stock dienen und ihn stärken. Alles, was du lernst und sammelst, muß zum Stock zurückgebracht und geteilt werden.

Lerne von den Bienen. Sieh, wie sie ohne Unterlaß tan-

zen. Und teile deinen Honig, kleine Biene, jeden einzelnen Tropfen.»

Auszug aus der Schilderung einer Schamanenreise.

Dieses Buch ist mein Versuch, dem Rat der Bienenkönigin zu folgen und den von mir gesammelten Honig zu teilen, um den Stock zu stärken und zu nähren, von dem ich nur ein kleiner Teil bin.

Wir alle werden geboren mit einem verzweifelten Bedürfnis zu lernen. Wird dieses Bedürfnis über die unmittelbaren Forderungen des körperlichen Überlebens und die soziale und kulturelle Beeinflussung hinaus jemals wirklich erfüllt?

Für mich war die Antwort auf diese Frage immer ein energisches Nein! Während meiner Kindheit und Schulzeit kam es mir immer so vor, daß die Dinge, die man mir beibrachte, unvollständig waren. Intellektuelle Erklärungen erschienen mir irgendwie leblos und enttäuschend. Weder Lehrer noch Lehrbücher waren jemals dazu in der Lage, mir die tiefen Gefühle von Verwandtschaft zu erklären, die ich empfand, wenn ich einer anderen Kreatur in die Augen blickte, oder die Schockwellen des Entsetzens und der Angst, die über mich kamen, als ich einmal einer Freundin dabei half, einen verwilderten Garten aufzuräumen. Dann waren da die Träume, und ich lernte rasch, daß es besser war, sie bald wieder zu vergessen.

Eine Zeitlang gelang es mir, mich in eine Welt der Mythen, Legenden und Geschichten zurückzuziehen. Die Götter, Giganten und Helden schienen einen tiefen Teil in mir anzusprechen, den kein anderes Element meiner Erziehung zu erreichen vermochte. Die Hinweise auf verborgene Weisheit und geheime Initiationen inspirierten mich mehr als alles andere.

Mit der körperlichen Reife und dem kritischen Verstand des Teenagers wurde meine Suche ernsthaft. Im Laufe der Jahre befaßte ich mich mit dem Christentum, verschiedenen Yogaschulen, Buddhismus, Taoismus, Spiritismus, den westlichen magischen

Traditionen und den Lehren der amerikanischen Indianer, doch irgendwie befriedigte nichts davon mein Bedürfnis wirklich.

Die Geburt meiner vier Kinder und die Notwendigkeit, mit ihnen das zu teilen, was ich als mein spirituelles Leben betrachtete, erweiterte mein Lernen um eine weitere Dimension. Ich stellte edoch fest, daß keines von ihnen sich für meine Spiritualität interessierte – sie alle besaßen ihre eigene. Als ich mich bei verschiedenen Kinderpflegeeinrichtungen und Erziehungsmethoden umsah, erkannte ich, daß es sich dabei um eine praktisch unbekannte Tatsache handelt!

Nun, da ich anfing, von meinen vier großartigsten Lehrern zu lernen, entdeckte ich, daß oft die Lehre selbst das Lernen verhindert! Jedes Kind wurde durch eine Art Führung vorangetrieben, die aus seinem Inneren zu kommen schien. Frei von den Fesseln irgendeines von außen angewandten «Systems», «wußten» sie, was sie lernen mußten. Sie brauchten dabei Unterstützung und Hilfe und Anerkennung und Respekt für die Resultate, aber sie hatten eindeutig nicht das Bedürfnis, die Antworten, die ein anderer gefunden hatte, für sich zu übernehmen.

«Natürlich war ich tot, bevor ich geboren und wieder lebendig wurde», erklärte mir mein Zweijähriges. «Doch ich habe euch immer alle beobachtet.»

«Die Leute haben ein Kribbeln über der Haut; so ist es auch bei Pflanzen und Tieren.»

«Alles kommt von der Erde und der Sonne. Sie gleichen einer Mutter und einem Vater.»

All die Suche nach Antworten, mit denen meine Kinder irgendwie geboren worden zu sein schienen! Hatte ich wirklich so viel verloren? Hatte die Menschheit vergessen, was und warum sie hier war? Ich fing an, mich mit den Ursprüngen unterschiedlicher kultureller Traditionen und religiöser Vorstellungen zu beschäftigen, und ich fand Hinweise auf eine gemeinsame Basis, aus der alle Dinge erwachsen waren. Zu dieser Zeit hörte ich zum erstenmal das Wort Schamanismus. Man vermutet, daß das Wort seinen Ursprung im Tungusischen hat, das von den Tungusen in Sibirien gesprochen wird, und sich von «saman» ableitet, was auf eine Person hinweist, die aufgeregt, erregt oder bewegt ist, oder aber auf ein Verb mit der Bedeutung «wissen» zurückgeht. Vielleicht wäre die Umschreibung, «einer, dessen Wissen aus einem erhöhten Bewußtseinszustand herrührt», am passendsten. Der Begriff wurde von Anthropologen viel verwendet, um den Medizinmann, die weise Frau, den Magier, Heiler oder Seher bei «primitiven» Kulturen überall auf der Welt zu beschreiben. Irgendwie wußte ich, daß dies der Schlüssel war.

Indem ich mich demselben inneren «Wissen» zuwandte, dessen sich auch meine Kinder bedienten, wurde ich zu einem großartigen irdischen Lehrer geführt, mit dem ich das Glück hatte, eine Weile arbeiten zu dürfen. Ich lernte, wie man schamanische Reisen macht, und befaßte mich zum erstenmal bewußt und willentlich mit meinem höheren oder spirituellen Selbst und der Essenz dessen, wer und was ich wirklich bin.

Die Dinge geschahen nun plötzlich sehr schnell. Alles, was ich bis zu diesem Zeitpunkt gelernt hatte, nahm irgendwie Gestalt an. Es war mir möglich, mir einen Überblick über mein bisheriges Leben und Lernen zu verschaffen und dies als Grundlage für das zu nutzen, was ich nun entdeckte. Von meinem höheren Selbst oder meinem inneren Lehrer wurde ich den Kreis entlanggeführt – ein Begriff, der mir bereits vertraut war, da er Bestandteil jeder der Philosophien und Traditionen war, die ich bereits erforscht hatte. Doch dieses Mal stieß ich auf meinen eigenen Kreis und bekam zu spüren, auf welche Weise er mit all den anderen Kreisen verbunden war.

Endlich wurde mir das wahre Wesen des Kreises gezeigt, der tatsächlich eine Spirale oder vielmehr eine Doppelspirale oder Helix ist. Ich begriff das Bild, mit dessen Hilfe unsere Vorfahren diese Information für uns aufbewahrt hatten – die Schlange, wiederum ein Begriff, mit dem ich bereits vertraut war.

In dieser Zeit geschahen merkwürdige Dinge. Leute suchten

mich auf. Fremde, die ich am Strand und in Geschäften traf, mit denen ich an Bushaltestellen wartete, fragten mich, was ich tat und was ich wußte. Die gelegentlichen Unterweisungen und einzelnen Heilsitzungen entwickelten sich fort, und plötzlich fand ich mich bei der Arbeit mit Gruppen und in Workshops wieder. Ich versuchte, nicht nur meine Kenntnisse weiterzugeben, sondern es lag mir vielmehr daran, die Menschen so zu führen, daß sie ihren eigenen Weg finden und entdecken konnten, was sie bereits «wußten».

Schließlich erhielt ich den Auftrag, der zu diesem Buch führte. Je mehr Zeit verstreicht, desto mehr Einblick gewinne ich in die schamanische Bilderwelt. Auf einer sehr grundlegenden Ebene stehen der Mann und die Frau für die männlichen und weiblichen Strahlen, die durch alle Dinge strömen. Hierauf gehe ich im zweiten Kapitel näher ein. Die östliche Philosophie verwendet in diesem Zusammenhang die Begriffe Yin und Yang, mit denen die meisten Menschen vermutlich vertraut sein dürften. Eine Inkarnation auf der Erde muß logischerweise durch eine der beiden Möglichkeiten erfolgen. In vielen Legenden der nordamerikanischen Indianer ist es die Schildkröte, mit der die Erde symbolisiert wird. Das Halten von Bienenvölkern war schon immer eine Beschäftigung für Priester und Eingeweihte, da viele Völker Bienen für die Bewahrer esoterischer Geheimnisse halten. Ich fühle mich geehrt, daß ich in einige dieser Geheimnisse eingeweiht wurde, und freue mich, sie mit Ihnen teilen zu dürfen.

Der Kreis und die Schlange ist das Ergebnis dieses Auftrags. Ich wurde beim Schreiben des Buches direkt durch mein höheres Selbst inspiriert. Mein Verstand hatte lediglich die Aufgabe, den Worten Sinn zu verleihen.

Der Leser tritt eine Entdeckungsreise an, die jener ähnelt, die ich selbst unternommen habe. Schamanismus ist *keine* Religion und ist nicht abhängig von Glauben. Schamanen lernen traditionell durch die direkte Erfahrung, und darin liegt auch das Ziel dieses Buches. Unter Verwendung des uralten Symbols der Schlange werden Sie durch jede Ebene Ihres Selbst geführt, um jede einzelne von ihnen zu erwecken, zu heilen und zu harmonisieren. Sie werden dann erfahren, auf welche Weise das in Ihnen bestehende Muster mit jedem anderen Lebewesen auf der Erde, mit der Erde selbst, mit der Evolution und dem Sinn des Lebens auf der Erde wie auch mit der Entwicklung jedes einzelnen Menschen verbunden ist.

Nachdem Sie besser verstehen und mehr Erfahrung damit haben, wer und was Sie sind, werden Sie Methoden des schamanischen Reisens kennenlernen und dazu ermutigt, selbst die Wirklichkeit hinter der äußeren Erscheinung zu erforschen und auf diese Weise einen direkten Zugang zu den Ebenen des Seins zu erlangen, die zuvor beschrieben wurden.

Ausgerüstet mit dieser neuen Quelle der Inspiration und des Wissens, werden Sie dann den Kreis entlanggeführt, und Sie werden Methoden kennenlernen, um sich selbst mit den natürlichen Gezeiten des Lebens in Einklang zu bringen. Es folgt die Beschreibung von Heilverfahren, die sowohl Ihnen selbst als auch anderen helfen können.

Es gibt kein Dogma, kein Richtig oder Falsch, nur einige Warnungen und viele Ermutigungen, damit Sie Ihren eigenen Weg und Zugang finden, um Ihr ganzes Sein zu harmonisieren. In dieser zerrissenen Welt, in der wir ohne Unterlaß mit kultureller, religiöser und politischer Propaganda bombardiert werden, brauchen wir mehr als jemals zuvor eine Quelle der Wahrheit und der Weisheit, auf die wir uns verlassen können. Jeder Mensch besitzt eine reiche Quelle all dessen in sich selbst. Wenn dieses Buch seinem Ziel gerecht wird und auch nur ein paar dieser Quellen freilegt, dann kann der Welt ein Sprühregen aus Wahrheit, Weisheit und Liebe nur guttun.

Wer also sind Sie? Welche Art Mensch sind Sie, daß Sie ein Buch über Schamanismus lesen? Wonach suchen Sie, und werden Sie es erkennen, wenn Sie darauf stoßen?

Lassen Sie mich Ihnen jetzt die Antworten auf ein paar dieser Fragen geben. Sie sind ein Mensch, der sich dem Ende seiner Suche nähert. Das, wonach Sie suchen, ist bereits und war schon immer ein Teil von Ihnen. Dieser Teil ist es, der Sie zu diesem Buch geführt hat, und nun ist es an der Zeit, in Erfahrung zu bringen, wie man ihn erkennen kann.

Lassen Sie uns auf alle Definitionen, vorgefaßte Vorstellungen und Meinungen verzichten. Lassen Sie uns lieber versuchen, über die Gedanken hinaus zu jenem Teil unseres Selbst zu gelangen, der uns beide, Sie, den Leser, und mich, die Autorin, in diesem Augenblick der Zeit zusammengeführt hat. Obwohl wir uns hier über das Medium der Sprache begegnen, wollen wir ihm nicht zu große Bedeutung beimessen. Wenn die Ausdrücke, die ich für etwas wähle, sich nicht vollkommen mit den Ihren decken, wenn ich von Seelen spreche, wo Sie den Begriff Geist einsetzen würden, dann lassen Sie uns über die Unzulänglichkeit des Systems lachen, mit dessen Hilfe wir zu kommunizieren versuchen.

Dieses Buch ist, anders als alle anderen, die Sie bisher gelesen haben, nicht darauf aus, Ihren Verstand mit Lehren zu füllen, sondern will vielmehr Ihren Geist leeren, damit er einen angemessenen Platz in dem komplexen Wesen einnehmen kann, welches Sie darstellen, und den höheren Anteilen Ihres Selbst, die nicht durch Leben und Tod, Freud und Leid, Hunger, Gier und Wissen gebunden sind, die Gelegenheit gibt, sich in Ihr Bewußtsein zu heben. Damit erhalten alle Teile Ihres Selbst die Gelegenheit, sich zu einem harmonischen und bewußten Ganzen zusammenzufügen.

Dies ist mit einem Nachmittag Lesen nicht zu erreichen. Noch setzt es die Bindung an ein bestimmtes Glaubenssystem oder ein von außen aufgezwungenes Regelwerk oder an bestimmte Verhaltensmaßnahmen voraus. Es verlangt vielmehr eine gewaltige Erweiterung Ihres Bewußtseins. Es bedeutet, daß Sie sich selbst als das unendliche Wesen erleben, welches Sie tatsächlich sind. Ja, es bedeutet, daß sich Ihr Leben, so wie aus einer Eichel schließlich eine Eiche wird, langsam aber sicher verändern muß.

Dieses Buch vermag solche Veränderungen nicht für Sie zu bewerkstelligen. Das können nur Sie selbst. Es kann jedoch, wenn Sie es zulassen, Ihnen zeigen, wie die Kanäle zu öffnen sind, durch die solche Veränderungen möglich werden. Selbst wenn Sie jede Idee, jede intellektuelle Vorstellung, die auf den folgenden Seiten dargelegt werden, ablehnen, solange Sie sie einfach als Ideen und intellektuelle Vorstellungen erkennen, wird die ihnen zugrundeliegende Wahrheit oder Wirklichkeit Sie dennoch erreichen und Ihnen helfen, die Veränderungen vorzunehmen, die notwendig sind, damit Sie bewußt Ihre eigene Realität finden oder Ihre eigene Wahrheit berühren können.

Ich rate Ihnen, dieses Buch erst einmal vollständig durchzulesen, bevor Sie anfangen, damit zu arbeiten. Die Abfolge der dargestellten Themen ist beabsichtigt und vernünftig, und es ist sinnvoll, die Aufgaben in der gegebenen statt in einer willkürlichen Reihenfolge zu bearbeiten.

Sollten Sie jedoch das sichere Gefühl haben, daß eine andere Herangehensweise für Sie richtiger ist, dann folgen Sie grundsätzlich Ihrer inneren Stimme. Denken Sie daran, es ist Ihr eigener Weg, dem Sie folgen, und kein anderer Mensch, wie weise und gelehrt oder welch großartiger Lehrer er auch sein mag, kann ihn so gut kennen wie Sie selbst. Ein anderer Mensch vermag lediglich Ihr Erwachen zu unterstützen, Ihnen das bewußt zu machen, was Sie bereits wissen, und Ihnen natürlich, so wie ich es jetzt tue, die Hand in Liebe und Freundschaft aus dem Erkennen heraus zu reichen, daß alle Wege zu ein und demselben Ziel führen, zu dem Punkt, in dem wir alle eins sind.

ERSTENS: **Die Schlange**

Ich bin die Schlange. Die Schlange deiner Mythen, deiner Träume, deines Seins und deines Sehnens. Gefürchtet und begehrt. LERNE MICH KENNEN!

Wenn du in die tiefste Dunkelheit des Lebens eindringst und nach den Gipfeln deiner Seele strebst, dann wisse, daß es die Schlange ist, die dir dies ermöglicht.

Versucherin, Verführerin deiner Mythen. Durch die Offenheit der Frau, den Schoß der Menschheit, vermag ich dich vom Licht zur Dunkelheit, vom Geist zur Materie zu führen; denn täusche dich nicht, deine Natur ist zweigeteilt, und du bist ein Geschöpf beider Welten, die durch mich eins werden. Wie die Midgardschlange bewirke ich dies. Ich bin eine Schlange, die ihren eigenen Schwanz verschluckt, und halte so die Welt in meinem Bann. Oder vielleicht in der Umarmung des Lebens.

Durch den Menschen, der sich immer nach dem Äußeren und Höheren reckt, werde ich zur Regenbogenschlange, die es dir ermöglicht, jede Farbe des Spektrums deines Seins zu durchqueren, bis du die Quelle, die Ganzheit, das weiße Licht erreichst, das über dir erstrahlt und dessen einer Aspekt du in Wahrheit bist.

Manche sehen mich als Baum. Einen Baum, an dem deine höchsten Ziele festgemacht sind. Tod und Leben sind nichts als zwei Seiten ein und derselben Münze;

man muß geboren werden, um zu sterben, und sterben, um geboren zu werden.

Du bist vom Licht in die Dunkelheit gefallen. Nun kehrst du zum Licht zurück. Auch du bist ein Geschöpf des Regenbogens. Jede Farbe ist ein Kind von Licht und Dunkelheit. Alles ist in dir.

Du fürchtest mich, da ich dir deine wahre Natur zeige. Stelle dich mir jetzt. Ich bin die Schlange. Wisse um alle sieben Ebenen meines Seins. Erkenne sie als deine eigenen. Nie wieder wirst du dich vor irgend etwas ängstigen.

Was ist die Schlange oder der Baum des Lebens? Beides kommt in so vielen Mythen und Legenden vor, bei weit entfernten Kulturen wie den australischen Aborigines, den Juden, den Wikingern des nördlichen Europa, den Indianern Nordamerikas und in der vedischen Tradition Asiens. Zwischen diesen Kulturen scheint keinerlei Gemeinsamkeit zu bestehen, bis auf die, daß es sich um Menschen handelt. Alle Kulturen überall auf der Welt werden von Menschen und ihrem Bedürfnis erschaffen, sich selbst, ihre Mitmenschen und die Welt, die sie umgibt, zu verstehen und damit zu leben.

Um die Harmonie und das Verständnis zu erlangen, welche der spirituelle Zweck jeglicher Kultur sind, die jedoch so leicht zu Ausbeutung und Vorherrschaft verkommen können, haben die spirituellen Pioniere, unsere Vorfahren, die vor langer Zeit die Dinge anders als wir heute wahrgenommen haben, viele «Landkarten» ersonnen, um uns bei der Suche zu helfen. Das erklärt die zahlreichen Ähnlichkeiten, die zwischen den heiligen Symbolen und Ritualen von Völkern mit unterschiedlichen spirituellen Vorstellungen bestehen. Eines der in dieser Hinsicht auffallendsten Symbole ist der Kreis oder das Kreuz im Kreis. Darauf werde ich später zurückkommen.

Das erste und für uns heute wichtigste Symbol ist die Schlange, denn sie stellt eine «Landkarte» von uns selbst dar. Welche kulturellen Wurzeln, religiösen Vorstellungen oder welches genetische

Erbe wir auch in uns tragen mögen, wir sind nach dem gleichen grundlegenden spirituellen Schema oder Bauplan erschaffen. So wie unsere physischen Körper alle einem gemeinsamen Grundriß folgen, obwohl jeder von uns ein einzigartiges Individuum darstellt, so gibt es auch in spiritueller Hinsicht eine elementare «Blaupause», die für alle gleichermaßen bestimmend ist. Sobald dies erkannt ist, kann man dieses grundlegende Muster um die persönlichen Details ergänzen.

Es ist sinnvoll, zunächst jedes «Segment» der Schlange für sich zu betrachten, bevor wir uns dem Gesamtbild zuwenden. Wir werden uns von unten nach oben hocharbeiten, da diese Richtung dem heutigen Menschen am meisten entspricht. Die unteren vier Ebenen decken sich mit den vier uns vertrauten «Reichen des Lebens»: jenem der Minerale, Pflanzen, Tiere und Menschen (siehe gegenüberliegende Abbildung).

Erste Ebene

Um also nun mit der mineralischen Ebene unseres Seins zu beginnen: Sie ist es, die uns auf der Erde festhält oder die Verbindung zu ihr herstellt. Durch die Festhaltekraft des Mineralreichs werden wir an die materielle Ebene gebunden. Die starke Anziehungskraft, welche Materie auf den Geist ausübt, hat ihren Ursprung in dieser Ebene. In vielen alten Kulturen wird die Erde als wunderschöne Frau gesehen, die von ihrem geistigen Gemahl geschwängert wurde, und all die unterschiedlichen Lebensformen auf ihr sind die Kinder aus dieser Verbindung. Wir werden noch erkennen, daß dieser Vergleich recht treffend ist. Auf dieser grundlegenden Ebene, auf der es uns gestattet ist, uns im Materiellen zu inkarnieren und das Leben in einem physischen Körper zu erfahren, ist die Erde tatsächlich unsere Mutter, und wir sollten daher damit beginnen, eine auf Dankbarkeit und Liebe basierende Beziehung mit ihr zu pflegen.

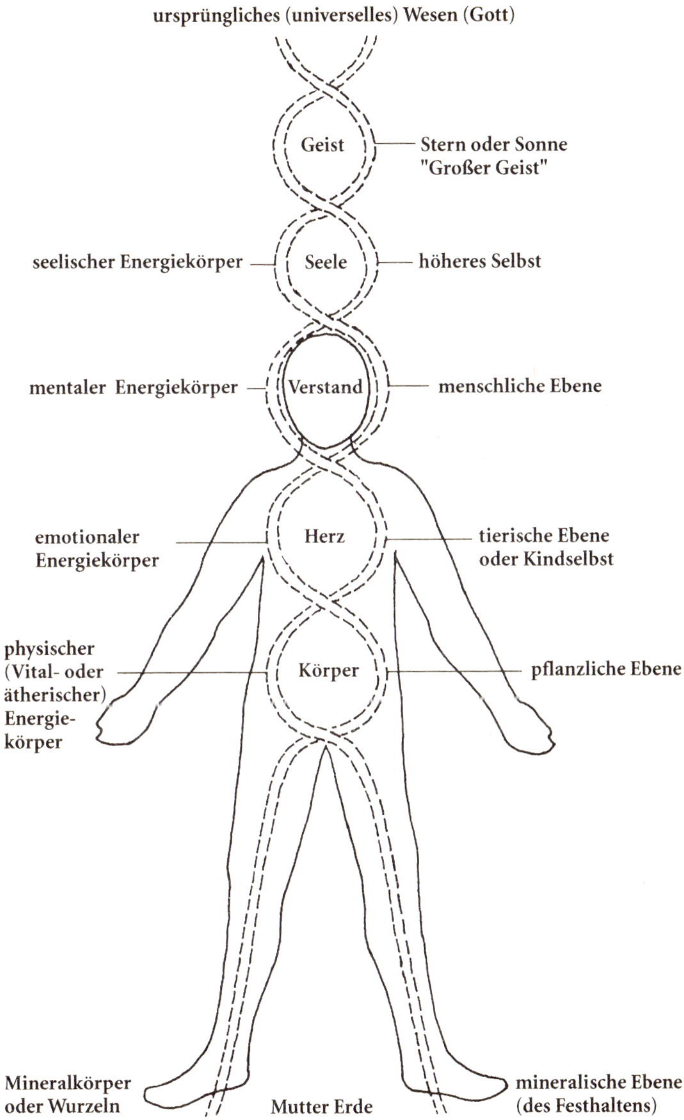

ursprüngliches (universelles) Wesen (Gott)
Geist
Stern oder Sonne
"Großer Geist"
seelischer Energiekörper
Seele
höheres Selbst
mentaler Energiekörper
Verstand
menschliche Ebene
emotionaler
Energiekörper
Herz
tierische Ebene
oder Kindselbst
physischer
(Vital- oder
ätherischer)
Energie-
körper
Körper
pflanzliche Ebene
Mineralkörper
oder Wurzeln
Mutter Erde
mineralische Ebene
(des Festhaltens)

Obgleich viele Mineralien wenigstens in Spuren im menschlichen Körper vorkommen, ist es doch möglich, einen bestimmten Stein oder Kristall zu finden, der auf dieser Ebene unseres Seins schwingt und uns daher verständlich machen kann, wer und was wir auf dieser grundlegenden Ebene sind. Selbstverständlich sind wir keine Steine, aber ein Teil von uns steht in Wechselwirkung mit den Steinen und Felsen der Erde und ihrer Funktion, und sich dies bewußt klarzumachen ermöglicht es uns, wirkungsvoller und harmonischer auf der Erde zu leben.

ERSTE AUFGABE:

Die mineralische Ebene erleben

Ihre *Absicht* bei dieser Aufgabe ist es, einen Stein oder Kristall zu finden, der Sie darin unterstützt, eine Verbindung zur mineralischen Ebene Ihres Wesens herzustellen. Mit diesem klar gefaßten Vorsatz und mit der Überzeugung, daß eine deutlichere und festere Verbindung zu dieser Ebene Ihres Wesens hergestellt werden muß, nehmen Sie sich trotz Ihrer täglichen Verpflichtungen die Zeit, um nach dem richtigen Stein oder Kristall zu suchen. Diese Suche kann in der Form eines Strandspaziergangs erfolgen oder ein Gang durch die Heide oder einen Wald sein oder aber in einem Geschäft stattfinden, welches Gesteinsproben verkauft. Nur Sie entscheiden, was das richtige für Sie ist. Versuchen Sie, vorgefaßte Meinungen über das, was Sie suchen, aufzugeben. Vergessen Sie alles, was Sie vielleicht über Geburtssteine, die Heilkraft bestimmter Kristalle und so fort gelesen haben oder was man Ihnen darüber erzählt hat. Sie suchen mit der mineralischen Ebene Ihres Wesens nach der Mineralprobe, die in ihrer Schwingung Ihrer persönlichen, einzigartigen Frequenz am nächsten kommt. Sie werden wissen, wenn Sie die richtige gefunden haben. Gestatten Sie es Ihren übrigen Energiekörpern oder Ebenen des Seins nicht, sich einzumischen. Handeln Sie, bevor Ihre Verstandesebene die Zeit hat,

Fragen zu stellen, und bevor Ihr Kind-Selbst neue, andere Gefühle hervorbringen kann. Wenn Sie den richtigen Stein oder Kristall finden, dann werden Sie seine Bereitwilligkeit, ja seinen Wunsch spüren, bei Ihnen zu sein.

Ein Schüler suchte einmal vergeblich mehrere Tage lang nach dem richtigen Stein und entdeckte ihn schließlich auf seinem Schreibtisch im Büro, wo er seit vielen Wochen gelegen hatte und so sehr ein Teil von ihm geworden war, so sehr auf ihn eingestimmt oder in Harmonie mit ihm war, daß er ihn nie bewußt wahrgenommen hatte. Komplizieren Sie die Dinge nicht unnötig, bringen Sie sich einfach zur Ruhe und – Sie werden «wissen».

Sollten Sie Ihren Stein in einer natürlichen Umgebung finden wie etwa an einem Strand, dann können Sie sofort mit ihm arbeiten. Wenn er Ihnen von jemandem geschenkt wird oder Sie ihn in einem Geschäft kaufen, dann sollten Sie ihn zunächst von möglichen negativen Energien reinigen, die er auf seiner Reise zu Ihnen aufgenommen hat. Dies kann erfolgen, indem Sie ihn einige Minuten mit der klaren *Absicht*, ihn zu reinigen, unter fließendes Wasser halten.

Dann suchen Sie sich einen ruhigen Platz, wo Sie eine Zeitlang ungestört arbeiten können. Dies kann sowohl in einem geschlossenen Raum wie auch im Freien stattfinden. Treffen Sie die Vorbereitungen, die Sie für erforderlich halten. Als gute Checkliste mag dienen: Reinigen, Harmonisieren, Aufladen. Die Reinigung kann erfolgen, indem Sie eine Räuchermischung verbrennen. Der entstehende Rauch sollte so verteilt werden, daß er Sie umgibt und auch mit dem Platz in Berührung kommt, an dem Sie arbeiten wollen. Erfüllen Sie die Aufgabe mit der klaren *Absicht*, jegliche negativen Energien aufzulösen, die Ihre Arbeit stören könnten. Negative Energien sollten immer zur Erde gelenkt werden, wo sie keinen Schaden anrichten können. Getrockneter Rosmarin oder Salbei ist eine gute Grundlage für eine Räuchermischung. Eine Rassel unterstützt Reinigung und Harmonisierung. Die Anwendung dieser beiden schamanischen Hilfsmittel wird im dritten Kapitel näher beschrieben, doch scheuen Sie sich nicht zu experimentieren. Es ist gut möglich, daß Sie Geheimnisse in diesen alten Techniken entdecken, die niemand heute kennt. Wie bei aller schamanischen Arbeit ist Ihre *Absicht* weit wichtiger als Ihre Technik. Ihre Harmonisierung und die Ihrer Umgebung kann einfach erfolgen, indem Sie sich entspannen und still werden. Ruhig und bequem dazusitzen und die Konzentration auf den Atem können Sie darin unterstützen.

Moderne Wissenschaftler sagen uns ebenso wie alte Weise, daß alles eine Energieform ist. Es ist daher erforderlich, daß Sie Techniken erlernen, mit denen Sie Ihre Energie auf das benötigte Niveau anheben können. Unterschiedliche Traditionen, wie Yoga und Taoismus, lehren verschiedene Methoden, mit deren Hilfe dies möglich ist und die alle gleichermaßen wirkungsvoll sind. Finden Sie heraus, was Sie besonders anzieht, und wählen Sie die Form, die Ihnen am meisten zusagt. Die Klarheit Ihrer *Absicht*, sich energetisch aufzuladen, wird eine weit größere Rolle spielen als die Technik selbst. Eine sehr einfache Meditation zur energetischen Aufladung verlangt, daß Sie die Augen schließen und sich selbst im Mittelpunkt eines Lichtballs vorstellen. Mit jedem Einatmen erstrahlt Ihr Licht heller, wie ein glühendes Stück Kohle, das man anbläst. Halten Sie inne, bevor Sie mit dem Ausatmen das Licht an Ihre Umgebung abgeben. So wie die Sonne strahlt, ohne dabei weniger zu werden, so teilen auch Sie Ihr Licht, ohne an Substanz zu verlieren. Halten Sie inne, und wiederholen Sie dann den Zyklus so lange, bis Sie sich vollständig aufgeladen fühlen.

Nun sind Sie bereit, um mit Ihrem Stein zu arbeiten. Nehmen Sie ihn in die Hände, und setzen Sie sich ruhig mit ihm hin. Versuchen Sie zu spüren, wie er sich auf Sie einstimmt und sich Ihrer Energie anpaßt. Sprechen Sie mit ihm, entweder laut oder im Geiste. Bitten Sie Ihren Stein um Unterstützung dabei, auf die mineralische Ebene Ihres Seins zu gelangen.

Wenn Sie meinen, bereit dazu zu sein, dann öffnen Sie Ihre Augen und sehen Ihren Stein an. Es gibt eine Ebene Ihres Selbst, die stark in diesem Mineral widerhallt. Welche Farbe hat es? Welche Form? Welche Bilder oder Muster können Sie in ihm erkennen? Drehen Sie den Stein um, und untersuchen Sie ihn von allen Seiten. Vielleicht hat er ja sogar einen Geschmack, einen Geruch oder gibt einen Ton von sich, den Sie wahrnehmen können. Nehmen Sie sich Zeit, und schreiben Sie alles auf, was Ihnen in den Sinn kommt (ohne dabei weniger differenzierte Eindrücke und Gefühle, die aus dem Bauch heraus auftauchen, zu ignorieren), während Sie sich mit Ihrem Stein beschäftigen und sich dabei fortwährend der Harmonie zwischen Ihnen und ihm bewußt sind.

Wenn Sie fertig sind, dann lesen Sie Ihre Notizen noch einmal durch. Um sich diese neue Bewußtheit Ihrer mineralischen Ebene zunutze zu machen, ist es notwendig, daß Sie sie Ihrer Verstandesebene, auf der wir normalerweise funktionieren, nahebringen, damit diese beiden Ebenen Ihres Selbst wissentlich und harmonisch zusammenarbeiten können.

Vielleicht ist Ihr Stein glatt und rund oder rauh und zackig. Sind sie ein eher ruhiger und nüchterner Mensch, oder geht es mit Ihnen manchmal auf und ab und Sie verlieren jeden Sinn für praktische Realisierbarkeit? Sie müssen selbst die Bedeutung entdecken, welche Formen, Farben und Muster für Sie haben, da ich Sie auf keinen Fall in der Wahl Ihres Steins beeinflussen möchte. Erwarten Sie nicht, alles sofort zu verstehen. Die meisten Bedeutungen werden mit der Zeit klarer, und Ihr Verständnis wird tiefer und weiter. Nehmen Sie sich genug Zeit, um sie mit Ihrem Stein zu verbringen, und er wird Sie auf dieser sehr grundlegenden Ebene Ihres Seins heilen und stärken.

Eine Schülerin kehrte einmal mit einem Stein, der fast die Größe eines Felsbrockens hatte, in den Workshop zurück. Nachdem Sie eine Zeitlang still mit ihrem Stein zugebracht hatte, wollte ich von ihr wissen, was sie an ihm angezogen hatte.

«Er war so groß und so allein», erklärte sie weinend. Ich beobachtete, wie sie sich nach und nach mit der Größe und der Einsamkeit ihrer mineralischen Ebene abzufinden lernte. Sie versuchte nicht mehr, ihre Bindung an die Erde zu leugnen oder sich von ihr frei zu machen, und fing an, sehr kraftvoll auf dieser Ebene ihres Seins zu arbeiten. Langsam nahm der Schmerz ihrer Einsamkeit ab, sie entdeckte die Freude an der Nähe zu einer Mutter, die sie zuvor gar nicht als solche angenommen hatte, und sie lernte, ihr Bedürfnis nach menschlicher Nähe auf eine angemessenere Ebene zu lenken.

Zweite Ebene

Die pflanzliche Ebene unseres Wesens ist die nächste Stufe nach der Mineralebene. Sie ist verbunden mit dem physischen Körper. So wie die mineralische Ebene den Menschen in seinem Körper festhält, so bezieht sich die pflanzliche Ebene auf sein physisches Funktionieren oder, genauer ausgedrückt, auf seinen physischen Energiekörper.

Obgleich Ihr Körper aus den Substanzen der Erde beschaffen ist, steht er Ihnen für die Zeit Ihres Lebens auf der Erde für Gebrauch oder Mißbrauch zur freien Verfügung. In seinem genetischen Gedächtnis bewahrt er die Erinnerung an Ihre physische Vorgeschichte bis hin zu den Anfängen des Lebens auf der Welt. Ein Großteil der Rückführungen in vergangene Leben setzt fälschlicherweise auf dieser Ebene an. Jeder Mensch ist anders. Sie wohnen in einem einzigartigen physischen Körper. Wie gut paßt er Ihnen? Können Sie in den Spiegel blicken und sich erkennen, oder hat das Gesicht, das Ihnen von dort entgegensieht, nur sehr wenig damit zu tun, wie Sie «wirklich» sind?

Vielleicht ist es Ihnen möglich, die körperliche Ebene Ihres Seins mit etwas mehr Fürsorge und Respekt zu behandeln. Eine gute, natürliche Ernährung und ausreichend körperliche Betätigung kann sich auf Ihren allgemeinen Gesundheitszustand sehr günstig auswirken. Auf dieser zweiten Ebene schlafen wir fast immer. Kein Mensch ist sich ständig dessen bewußt, daß sein Herz Blut pumpt, daß sein Verdauungssystem Nährstoffe aufnimmt, daß in den Lungen der Sauerstoff-Kohlendioxyd-Austausch stattfindet, oder nimmt bewußt die vielen anderen stillen, doch erstaunlich effizienten Funktionen seines Körpers wahr. Nehmen Sie sich die Zeit, um ein wenig über dieses wunderbare Fahrzeug zu lernen, in dem Sie wohnen. Wenn Sie Ihrem Körper nun mehr Aufmerksamkeit schenken, dann denken Sie auch darüber nach, was er Ihnen zu bieten hat. Warum stecken Sie ausgerechnet in diesem einzigartigen Körper? Was können Sie aus dem Leben in diesem besonderen Körper (trotz all seiner Fehler) lernen, und was kann allein dieser Körper Ihnen geben?

ZWEITE AUFGABE:

Die pflanzliche Ebene erleben

Ich stelle Ihnen hier zwei Methoden vor. Wählen Sie die aus, mit der Sie sich am wohlsten fühlen, oder probieren Sie beide.

1. Wie bei der Suche nach Ihrem Mineral seien Sie auch hier klar in Ihrer *Absicht*, die Pflanze zu finden, die Sie darin unterstützt, sich mit der pflanzlichen Ebene Ihres Wesens zu verbinden. Suchen Sie aus Ihrer inneren Überzeugung heraus nach einer tieferen Verbindung mit dieser Ebene Ihres Selbst. Nehmen Sie sich die Zeit, um in einer möglichst wilden und natürlichen Landschaft einen Spaziergang zu machen. Sobald Sie auf dem Weg sind, versuchen Sie keine vorgefaßte Meinung darüber zu haben, in welche Richtung Sie gehen oder welchen Pfad Sie einschlagen sollen. Gestatten Sie es Ihrem Körper, Sie zu führen. Legen Sie die Betonung eher auf das *Handeln* denn auf das Denken und Fühlen, da Handeln eine Funktion des physischen Körpers ist.

Sie werden wissen, wenn Sie die richtige Pflanze gefunden haben. Lassen Sie sich von Ihrem Geist nicht dazu überreden, eine Pflanze zu wählen, die Sie kennen, nur weil das einfacher ist. Gestatten Sie es Ihren Gefühlen nicht, Sie zur Wahl einer schönen Blume oder eines großgewachsenen Baumes zu verführen, nur weil Sie sich gerne so sehen würden. Lassen Sie sich von Ihrem physischen Selbst, von Ihrer pflanzlichen Ebene zu dem Gewächs führen, mit dem es sich am stärksten identifizieren kann.

2. Sie benötigen einen ungestörten Platz, an dem Sie Zeit allein verbringen können. Dieser Platz kann im Inneren eines Gebäudes oder im Freien sein. Wählen Sie einen Ort, an dem Sie sich wohl fühlen und an dem Sie nicht von den Ablenkungen des Alltags, die Ihre Aufmerksamkeit von der bevorstehenden Aufgabe abziehen könnten, umgeben sind. Machen Sie die Vorbereitungen, die Sie für notwendig halten, dann setzen Sie sich bequem und wenn möglich auf den Boden nieder, wenigstens aber so, daß Ihre Fußsohlen den Boden berühren. Schließen Sie die Augen, und bemühen Sie sich, Ihren Geist zur Ruhe zu bringen. Konzentrieren Sie sich auf Ihre Atmung. Versuchen Sie Ihre Atmung so zu regulieren, daß die Dauer des Ausatmens, der ausgeatmeten Pause zwischen Ausatmen und Einatmen, des Einatmens und der Pause zwischen Einatmen und Ausatmen einen Zeitraum umfaßt, in dem Sie im Geist bis vier zählen können. Erhalten Sie diese Atmung ein paar Minuten lang aufrecht, bis Sie sich entspannt und friedlich fühlen und Ihr Geist ruhig ist.

Nun machen Sie sich Ihre Verbindung mit dem Boden bewußt. Spüren Sie, wie die Erde Sie festhält, Sie sicher birgt und beschützt wie eine Mutter ihr Kind. Gestatten Sie diesem abwärts gerichteten Druck zu Wurzeln zu werden, die sich von Ihrem Körper in den Boden hinein ausbreiten. Seien Sie sich dieser Wurzeln auf eine Weise bewußt, die sich richtig für Sie anfühlt, entweder mittels innerer Vision, einem Gefühl oder einfach dem Wissen um ihr Vorhandensein.

Machen Sie sich nun bewußt, daß eine Art Nahrung von der Erde durch Ihre Wurzeln und Ihre Wirbelsäule, die wie der Stamm einer Pflanze ist, hinauf- und in Sie hineinströmt. Vielleicht bilden sich Blätter und breiten sich um Sie herum aus.

Auf dem Scheitel Ihres Kopfes befindet sich eine Knospe. Sie öffnet sich langsam. Spüren Sie, wie die Kraft der Sonne auf die Blüte und auf Ihre Blätter scheint. Gestatten Sie es dieser Energie, durch Sie hindurch bis in Ihre Wurzeln und zurück in die Erde zu strahlen.

Spüren Sie, wie die Lebenskraft in Ihrem Saft durch Ihre Wurzeln aufsteigt, Ihren Stamm durchwandert, bis in die Spitzen Ihrer Blätter und Blütenblätter gelangt und dann im Sonnenlicht verdampft.

Nehmen Sie ein paar Minuten lang diesen Fluß wahr, der in zwei Richtungen erfolgt. Dann richten Sie Ihr Bewußtsein sanft wieder auf das Hier und Jetzt und auf Ihren alltäglichen Körper.

Sollten Sie die Pflanze, zu der Sie geworden sind, erkennen, dann ist es gut, wenn nicht, so fertigen Sie eine Skizze an oder beschreiben sie mit Worten, so gut Sie können, bevor Sie sich irgend etwas anderem zuwenden.

Haben Sie Ihre Pflanze erst einmal gefunden, dann ist die nächste Aufgabe ihre Identifizierung. Bücher oder kenntnisreiche Freunde können hier helfen, wenn Ihr eigenes botanisches Wissen nicht weit genug reicht. Pflücken Sie die betreffende Pflanze nicht ab, es sei denn, sie ist weit verbreitet, und auch dann nur mit dem Einverständnis des Pflanzers. Besser ist es, ein Foto oder eine Zeichnung zu machen.

Sobald Sie wissen, um welche Pflanze es sich handelt, bringen Sie soviel wie möglich über sie in Erfahrung. Welcher Teil der Pflanze ist am größten oder am schönsten – die Blüte, die Blätter, der Stamm oder die Wurzeln? Die Art, wie sie sich reproduziert, kann Ihnen viel über Ihre eigene Kreativität sagen. Ist sie eßbar? Wenn ja, welcher Teil der Pflanze? Handelt es sich um eine

Heilpflanze? Wenn ja, gegen welche Krankheiten kann man sie einsetzen? Sollte sie zur Einnahme geeignet sein, dann wird sie sich als ein sehr wichtiges Nährmittel für Sie erweisen und Ihnen möglicherweise auch zeigen, wie Sie andere Menschen nähren können. Sollte irgendein Teil der Pflanze giftig sein, dann ist dies vielleicht als Warnung für Sie zu deuten. Fragen Sie sich, warum die Pflanze giftig ist, und sollte die Antwort «zur Verteidigung» lauten, was können Sie dann über sich lernen?

Einer meiner pflanzlichen Helfer ist der Kirschbaum. Ich bin zu der Erkenntnis gekommen, daß die Kirsche, indem sie zur Frucht wird, sich selbst vollständig hingibt. Doch wenn Sie von einem Vogel oder anderen Tier gefressen wird, dann hat sie diesen harten Kern in ihrem Inneren, der unverdaulich ist, der den Körper des Tieres, dem sich die Kirsche hingegeben hat, passieren wird und aus dem, unter Beibehaltung der eigenen Essenz und Identität, schließlich ein eigener Kirschbaum wächst. Also bemühe ich mich, mich in meinem Leben bereitwillig und mit aller Süße hinzugeben, so wie die Kirsche das tut, wohl wissend, daß ich mich dabei nicht verliere und daß mein Wachsen und Lernen wie bei der Kirsche von jenen abhängt, die sie verzehren und ihren Samen verteilen. Das muß nicht mein Leben lang so bleiben. Im Laufe der Zeit und mit zunehmender Erfahrung verändert man sich und findet, nachdem man eine Zeitlang mit einer oder mit zwei Pflanzen gearbeitet hat, unter Umständen heraus, daß man stärker mit einer dritten Pflanze verbunden ist und durch diese mehr über sich selbst lernen kann. Seien Sie immer offen für Veränderungen!

Die Hauptlehre, die man aus der pflanzlichen Ebene des eigenen Selbst ziehen kann, hat etwas mit «Handeln» zu tun oder damit, wie man sich auf der physischen Ebene dem Leben annähert. Dies muß sich selbstverständlich auf alle übrigen Bereiche auswirken. Größere Bewußtheit und Ausgeglichenheit hier wird zwangsläufig eine heilende und günstige Wirkung auf andere Lebensbereiche haben.

Dritte Ebene

Je weiter man nach oben kommt, desto komplexer wird jede neue Ebene. Die dritte Ebene ist unsere tierische, die jedoch häufig auch als «Kindselbst» oder als «verborgenes Selbst» bezeichnet wird. Sie ist das, was die alten Kahuna-Schamanen in Hawaii «Unihipili» nannten. (Auf hawaiisch bedeutet «huna» Geheimnis oder verborgenes Wissen, während «ka» den Praktizierenden oder die Person bezeichnet, die mit etwas arbeitet; folglich kann der Begriff «Kahuna» als «Praktizierender des verborgenen Wissens» übersetzt werden.)

Dies ist die Ebene all unserer erlernten oder programmierten Reaktionen auf das Leben und außerdem unsere instinktive Basis. Sie befindet sich unterhalb unseres Denkens und wird daher durch unseren bewußten Verstand oft ignoriert oder übergangen. Da sie jedoch das Zentrum unseres Emotionalkörpers ist, kann sich das Kind-Selbst vernichtend auf unser Leben auswirken, wenn es mit ihm nicht zu einer bewußten und harmonischen Zusammenarbeit kommt.

An dieser Stelle ist es wichtig zu begreifen, daß Liebe, im wahren Sinne des Wortes, kein Gefühl ist. Sie ist die höchste oder vollkommenste Vibrationsfrequenz, auf die wir uns selbst einzustellen vermögen, und kann auf allen sieben Ebenen des Seins gleichermaßen erfahren werden. Am häufigsten kommen wir durch unsere emotionale Verbindung zu anderen Menschen in den Genuß dieser vollkommenen Frequenz, doch dabei kann sie, wenn die anderen Ebenen unseres Seins nicht in Harmonie sind, als eine wenig ausgewogene und schmerzhafte Erfahrung erlebt werden. Liebe ist ein Seinszustand, der gezielt angestrebt werden muß. Wenn es uns gelingt, diesen hohen Seinszustand auf allen Ebenen zu erreichen, dann werden wir Liebe für alles, was uns umgibt, ausstrahlen. Liebe ist nicht etwas, was man in einem anderen suchen und finden kann. Finden Sie sie in sich selbst, und teilen Sie sie dann mit anderen!

Wie ist jedoch, nachdem man dies erst einmal verstanden hat, unsere Beziehung zu unseren Gefühlen und Instinkten? Lassen wir das Kind in unserem Inneren, das ein Teil jedes Menschen ist, zu Wort kommen? Versuchen wir einfühlsam mit unserem inneren Kind umzugehen, oder ist es ein unkontrollierbarer Tyrann, der unser Leben beherrscht? Oder aber fühlt sich das innere Kind verloren, verängstigt und einsam, ohne Trost und Zuwendung, wenn es weint?

Die dritte Aufgabe bietet eine Methode an, mit deren Hilfe man die Verbindung mit dem eigenen Kind-Selbst wieder aufnehmen kann. Nach meiner Erfahrung als schamanische Lehrerin und als Beraterin benötigen die meisten Menschen auf dieser Ebene sehr viel Unterstützung und Heilung. Im zweiten Kapitel gehe ich näher auf die Kindheit, ihre Bedeutung und ihren Sinn ein, doch im Grunde genommen ist sie ein unablässiger Geburtsprozeß, bis sich schließlich ein vollständiges Lebewesen auf der Erde inkarniert hat. Nur allzu häufig ist sie jedoch heute ein unablässiger Prozeß des Sterbens oder des Eingesperrtseins jener Bestandteile des Selbst, die, aus welchen Gründen auch immer, nicht «passen». Dies liegt zum Teil an den Erziehungsmethoden des zwanzigsten Jahrhunderts, die bei allen Menschen Narben hinterlassen, und an der Gesellschaft, in der wir leben und die für gewöhnlich diese Teile von uns soweit wie möglich übersieht, sie im besten Fall als albern oder niedlich und im schlechtesten Fall als schwach und verachtenswert betrachtet. Ein vollständiger Erwachsener erwächst aus einem vollständigen Kind. Es ist nicht erforderlich, das Kind zu zerstören, damit der Erwachsene hervortreten kann. Wir alle müssen unser inneres Kind finden und heilen, damit wir vollständig werden.

Seien Sie also geduldig mit Ihrem inneren Kind, wenn Sie versuchen, ihm näherzukommen. Geben Sie ihm viel Bestätigung und Liebe, doch zugleich auch die Sicherheit einer ausgeglichenen Beziehung zu den anderen Ebenen Ihres Selbst, damit es mit Ihrem Leben nicht durchgeht oder sich verloren und einsam vorkommt. Es ist wichtig, daß Sie diese Ebene Ihres Selbst stärken, bevor Sie versuchen, das Tier oder die Tiere in Erfahrung zu bringen, die für Ihre persönliche Tierkraft stehen. Damit werden wir uns später befassen.

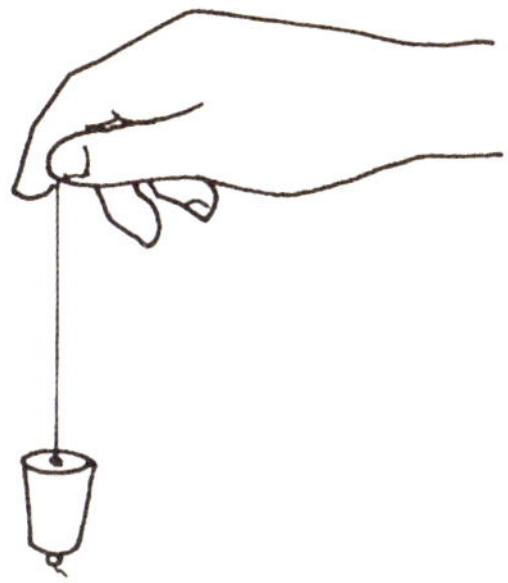

DRITTE AUFGABE:

Die Beziehung zum inneren Kind herstellen, um Gesundheit und Harmonie auf dieser Ebene zu bewirken

Für diese Aufgabe benötigen Sie ein Pendel irgendeiner Art (siehe Abbildung oben). Inzwischen gibt es sie in zahlreichen Ausführungen, manche sind aus Holz, andere aus unterschiedlichen Kristallen. Wenn Sie sich zu einem der angebotenen Pendel hingezogen fühlen, dann sollten Sie es auf jeden Fall kaufen. Da es jedoch der Tradition entspricht, daß der Schamane sich seine Werkzeuge selbst herstellt, finden Sie ein selbstgemachtes Pendel für den Anfang vielleicht angemessener. Ein Stück Holz, vor allem wenn es von einem Baum stammt, zu dem sich Ihr pflanzliches Selbst hingezogen fühlt, in das Sie ein Loch bohren und woran Sie dann einen Baumwollfaden befestigen, ist vollkommen ausreichend, doch auch ein Knopf an einer Schnur tut seinen Dienst.

Schaffen Sie sich im Verlauf Ihres Tages den Freiraum, in dem Sie eine Zeitlang ungestört sind, den Alltag zurücklassen und sich entspannen können, um sich ganz und gar auf die bevorstehende Aufgabe konzentrieren zu können. Treffen Sie die

Vorbereitungen, die Ihnen erforderlich erscheinen, dann setzen Sie sich hin und entspannen sich einige Mintuen lang. Richten Sie Ihre Aufmerksamkeit mit klarer *Absicht* auf die Verbindung, die Sie mit Ihrem eigenen inneren Kind herstellen wollen, um Heilung und Harmonie zu erreichen.

Nun nehmen Sie Ihr Pendel auf. Ich schlage vor, daß Sie es in Ihre rechte Hand nehmen, da dies Ihre «tätige» Hand ist (es sei denn, Sie sind Linkshänder, dann verhält es sich umgekehrt), und strecken Sie sie bewußt und zielgerichtet nach Ihrem inneren Kind aus. Sollte sich dies falsch oder unangenehm anfühlen, möglicherweise, weil Sie andere Methoden gelernt haben, dann machen Sie es so, wie es Ihnen richtig vorkommt. Halten Sie Ihr Pendel locker, so daß es ungefähr 10 Zentimeter von Ihrer Hand entfernt ist, da Ihr emotionaler Energiekörper etwa so weit von Ihrem physischen Körper ausstrahlt. Vermutlich ist es sinnvoll, wenn Sie Ihren Ellbogen abstützen, damit Ihre Hand vollkommen entspannt ist.

Nun konzentrieren Sie sich auf das Kind, das ein Teil von Ihnen ist. Vielleicht gibt es einen besonderen Namen, einen Spitznamen aus der Kindheit oder etwas anderes, das Sie in Ihrem Inneren finden, womit Sie Ihr inneres Kind rufen können. Sobald Sie sich Ihrem inneren Kind nahe fühlen, erklären Sie ihm ruhig, daß Sie sich mit ihm unterhalten wollen. Es spielt keine Rolle, ob Sie laut sprechen oder nur in Ihrem Inneren. Fragen Sie es, welches das Zeichen für «ja» ist. Beobachten Sie dabei Ihr Pendel. Achten Sie auf jede Bewegung, aber seien Sie geduldig, Ihr inneres Kind zögert möglicherweise angesichts dieser für es unbekannten Kommunikationsmethode, und Sie müssen die Übung eventuell mehrmals wiederholen, bevor Sie eindeutige Ergebnisse erzielen. Außer dem Zeichen für «ja» können Sie auch jenes für «nein» und für «weiß ich nicht» erfragen. Sobald Sie Ihren persönlichen Code in Erfahrung gebracht haben, können Sie die Unterhaltung beginnen.

Auch wenn sich ihre Fragen auf solche beschränken müssen,

die mit «ja / nein / weiß ich nicht» beantwortet werden können, ist es dennoch möglich, mit dieser Methode viel über diese Ebene Ihres Selbst zu lernen. Erforschen Sie Ihr Gedächtnis, Ihre Gefühle und auch ihre animalische Ebene instinktiver Wahrnehmung. Sobald Sie sich an diese Form der inneren Kommunikation gewöhnt haben, werden Sie feststellen, wieviel Heilung damit möglich ist, und eine tiefe Freude und Harmonie in Ihrem Inneren entdecken, die entstehen, weil Sie sich einem sehr vernachlässigten Teil Ihres Selbst zuwenden.

Gefühle der Wertlosigkeit und Unzulänglichkeit haben häufig Ihren Ursprung in der Unterdrückung des inneren Kindes. Die Anerkennung dieses Teils Ihres Selbst und die Kommunikation mit ihm kann sehr heilend wirken. Ziehen Sie Ihr inneres Kind bei wichtigen Entscheidungen zu Rate, doch gestatten Sie ihm nicht, Ihnen Ihr Verhalten zu diktieren. Indem Sie diesem Teil Ihres Selbst Verständnis und Respekt entgegenbringen, können Sie zu einem vollständigeren und harmonischeren Menschen werden.

Vierte Ebene

Vielleicht erscheint es Ihnen ein wenig überheblich, wenn ich versuche, Ihnen Ihre vierte Ebene zu erklären, denn diese ist es, mit der Sie selbst am vertrautesten sind. Es handelt sich natürlich um Ihre menschliche Ebene, Ihren Verstand, das Zentrum Ihres mentalen Energiekörpers. Die Kahuna-Schamanen haben sie als «Uhani» oder als das Verstand-Selbst bezeichnet. Auch wenn der mentale Energiekörper nicht bei jedem Menschen der stärkste Energiekörper ist, so ist doch bei jedem zumindest das Bewußtsein im Verstand zentriert. Wir alle nehmen uns selbst und die Welt, die uns umgibt, so wahr, wie wir «denken», daß wir sind und sie ist. Dies mag sich vollkommen davon unterscheiden, wie unsere Freunde oder Nachbarn die Dinge sehen, was wiederum vielleicht nichts damit zu tun hat, wie die Dinge tatsächlich sind, aber wer kann darüber schließlich schon eine Aussage machen? Selbst dann, wenn es uns gelingt, den Verstand soweit zum Schweigen zu bringen, daß wir die Welt um uns ohne Vorurteile oder Urteile wahrnehmen können, so haben doch die meisten unserer Sinne wie auch das Bewußtsein ihren Ursprung im Kopf.

Diese Ebene unseres Selbst ist auf einzigartige Weise menschlich. Obgleich Tiere ein Gehirn haben, besitzen sie keinen dem Menschen vergleichbaren Verstand. Sie sind, anders als wir, nicht zu abstrakten oder analytischen Gedanken fähig, und ihr Bewußtsein befindet sich auf einem vollkommen anderen Niveau als das unsere. Damit soll nicht gesagt werden, daß Tiere uns irgendwie unterlegen sind. Sie sind einfach anders. Tatsächlich haben viele Tiere in dem Bereich, auf den sie spezialisiert sind, einen viel größeren Perfektionsgrad erreicht als der Mensch in dem seinen.

Sie haben Techniken kennengelernt, die es ihnen bis zu einem bestimmten Grad ermöglichen, sich die übrigen Ebenen Ihres Seins bewußter zu machen. Später werden Sie eine Methode erlernen, mit der sie Ihr Bewußtsein aus dem Verstand herauslösen können, um die übrigen Ebenen Ihres Selbst direkt zu erleben. Doch im Augenblick reicht es vielleicht aus, wenn Sie einen Schritt aus Ihrem Verstand zurücktreten und einfach wahrnehmen, wie Sie auf dieser menschlichen Ebene funktionieren. Es ist viel darüber geschrieben worden, und es gibt viele Lehrer, sowohl traditionell orientierte als auch in moderner Psychologie und Psychotherapie ausgebildete, und außerdem die seit kurzem populäre Technik der Visualisation, die Sie darin unterstützen, Ihren mentalen Energiekörper zu erforschen. All diese Methoden sind sinnvoll und auf die ihnen eigene Weise hilfreich. Hier jedoch ist es unser Ziel, die mentale Ebene als harmonischen Teil des gesamten Wesens zu erfahren, und die meisten der oben erwähnten Methoden betrachten den Menschen als ein Wesen, das hoffnungslos durch sein menschliches Verstandesbewußtsein beherrscht wird. Das trifft jedoch nicht zu, wie die folgende Übung zeigen wird.

VIERTE ÜBUNG:

Die eigene mentale Ebene in ihrem Verhältnis zu allen übrigen Ebenen des Seins erfahren und begreifen

Begeben Sie sich an den besonderen Platz, an dem sie normalerweise Ihre schamanische Arbeit tun. Wie bereits erwähnt, kann dies sowohl im Haus wie auch im Freien, jedoch auf jeden Fall an einem Ort sein, an dem Sie sich sicher fühlen, entspannen können und ungestört sind. Möglicherweise spüren Sie, wie sich dieser Platz langsam auf Sie einstimmt, oder aber Sie selbst schwingen sich auf ihn ein. Die Arbeit, auf die Sie sich eingelassen haben – jene der Selbstheilung, Harmonisierung und Selbstverwirklichung –, ist eine lebenswichtige Aufgabe, nicht nur für Sie selbst, sondern auch für den Rest der Menschheit und für die Erde, auf der wir leben, und für die anderen Geschöpfe, mit denen wir sie teilen. Daher werden Sie in vielerlei Hinsicht willkommen geheißen und unterstützt werden. Schließen Sie die Möglichkeit nicht aus, daß Sie Ihr Gästezimmer, der Geräteschuppen, eine Waldlichtung oder eine Ecke des Gartens – oder ein anderer Platz, an dem Sie arbeiten wollen – willkommen heißt und Sie in Ihren Bemühungen unterstützt und Ihnen hilft. Das ist nicht nur möglich, sondern im höchsten Maß wahrscheinlich. Sie schaffen mit Ihrem Tun Ihren eigenen Kraftplatz oder Ihre eigenen Kraftplätze, so wie es Ihre Vorfahren vor langer Zeit getan haben, obwohl diesen zugegebenermaßen wahrscheinlich eine größere Auswahl an Versammlungsorten zur Verfügung stand.

Viele dieser alten Kraftplätze, an denen sich Menschen in Harmonie mit dem Gestein, den Pflanzen, den Tieren und ihren Mitmenschen für das Gesamtwohl und die allgemeine Fortentwicklung eingesetzt haben, sind heute Standorte von Kirchen und anderen alten Baudenkmälern. Suchen Sie einige dieser Orte auf, vielleicht vermögen sie Ihr Gefühl von Einsamkeit zu lindern. Denn Einsamkeit ist ein klassisches Symptom der meisten Menschen, die sich heutzutage in ihrer mentalen Ebene eingesperrt und isoliert fühlen.

Bei den nordamerikanischen Indianern gibt es ein Sprichwort: Was wir alle gemeinsam haben, ist unsere Einsamkeit. Unser kultureller Hintergrund lehrt uns, die Lösung für unsere Einsamkeit in unseren Mitmenschen zu suchen. Doch fragen Sie sich genau, was es ist, das Ihnen fehlt. Ist es nicht möglich, daß Sie, da Sie in Ihrer menschlichen Ebene gefangen sind, sich nach den fehlenden Teilen Ihres Selbst sehnen, die Ihnen «irgendwo auf dem Weg» verlorengegangen sind? Untersuchen Sie ernsthaft Ihre Beziehungen zu anderen Menschen, jetzige wie vergangene. Suchen Sie in anderen Menschen nach Dingen, nach denen Sie in sich selbst forschen sollten? Sind Ihre zwischenmenschlichen Beziehungen immer dazu verurteilt, irgendwie unbefriedigend zu sein? Gleichgültig, wieviel Ihnen ein anderer Mensch auch bedeutet, er scheint Ihnen nie das zurückgeben zu können, wonach Sie suchen, ist unfähig, den fehlenden Teil Ihres Selbst zu ersetzen – nur Sie selbst sind dazu in der Lage. Wenn Sie Gleichgewicht, Harmonie und Ganzheitlichkeit in sich selbst finden, dann wird dies nach außen strahlen und jeden Aspekt Ihres Lebens ausfüllen. Bis zu diesem Zeitpunkt jedoch vermag Ihr äußeres Selbst nichts anderes zu tun, als Ihr inneres Selbst zu reflektieren, denn beide sind in Wahrheit Aspekte ein und derselben Sache.

Vielleicht brauchen Sie dazu mehrere Sitzungen, aber versuchen Sie dennoch, eine Liste zusammenzustellen, in der Sie festhalten, was Sie in den Beziehungen zu Ihren Mitmenschen suchen. Wie könnten Sie Ihren Bedürfnissen selber gerecht werden? Auf welcher Ebene müßten Sie die Erfüllung Ihrer Bedürfnisse suchen?

Werden Sie von kreativen oder künstlerischen Menschen angezogen? Könnte dies vielleicht etwas damit zu tun haben, daß Sie Ihre eigene Kreativität unterdrücken? Neigen Sie emotional kühlen und reservierten Menschen zu? Liegt das möglicherweise daran, daß Ihre eigenen Gefühle besser ins Gleichgewicht gebracht und kontrolliert werden müssen?

Nur Ihr Verstand ist dazu in der Lage, das Ungleichgewicht zu analysieren und sich für die Korrektur zu entscheiden. Als meine Kinder noch klein waren, da fühlte ich mich auf merkwürdige Weise zu Menschen hingezogen, welche die Gesellschaft gerne als unverantwortlich und ziellos bezeichnet. Es lag nicht daran, daß ich so sein wollte wie sie, ich vermochte vielmehr deutlich zu erkennen, daß das Verhalten vieler von ihnen auf innere Schwierigkeiten und Schmerzen zurückzuführen war. Nachdem ich gründlich darüber nachgedacht hatte, kam ich zu dem Schluß, daß ihre Unfähigkeit, sich zu binden, ein Ausgleich für meine Neigung war, weit mehr Verantwortung zu übernehmen, als gut für mich war, und mich davon niederdrükken zu lassen. Nachdem ich das Problem erst einmal durchschaut hatte, tat ich mein Bestes in der jeweiligen Situation und ließ es dann gut sein. Indem ich aufhörte, Lasten zu übernehmen, die gar nicht meine eigenen waren, entdeckte ich eine neue innere Freiheit, die mein Bedürfnis auflöste, diese Qualität in anderen Menschen zu suchen.

Versuchen Sie, diese Beobachtung auch in andere Bereiche Ihres Lebens hinein auszudehnen. Beobachten Sie Ihre Gefühle, Instinkte, körperlichen Reaktionen und die Verbindung zwischen ihnen. Ihr Verstand ist der Sitz menschlichen Bewußtseins, doch das heißt nicht, daß alle anderen Ebenen von ihm unterdrückt werden dürfen. Üben Sie sich in Selbstbeobachtung, damit die Botschaften, die Ihre übrigen Ebenen des Seins ausschicken, bis zur Verstandesebene durchkommen. Als Menschen neigen wir dazu, all die übrigen Lebensformen, mit denen wir die Erde teilen, einfach zu vergessen. Auf die gleiche Weise gehen wir gerne mit unserem Inneren um. Der Verstand sollte nicht der alleinige Herrscher sein. Er übernimmt als Teil von Ihnen eine einzigartige Rolle, ebenso wie der Mensch eine einzigartige Rolle auf der Erde spielt, doch er muß im Gleichgewicht und in Harmonie mit all Ihren übrigen Seinsebenen funktionieren.

Es ist leicht zu erkennen, daß Sie, wenn Sie auf dieses innere Ziel zuarbeiten, zum Bestandteil eines weit größeren Unternehmens werden, bei dem es um die ganze Erde und um die einzelnen Seinsebenen aller Kreaturen geht, deren Mutter die Erde ist.

Fünfte Ebene

Wir versuchen nun, die Ebene, die oberhalb unseres verstandeszentrierten Bewußtseins liegt, zu begreifen und sie uns irgendwie bewußt zu machen. Dabei handelt es sich um die Seelenebene, das Reich Ihres höheren Selbst. Dieser Teil Ihrer selbst ist die Summe all dessen, was Sie waren und während vergangener Leben auf der Erde gelernt haben. Die Kahuna-Schamanen Hawaiis bezeichneten sie als «Aumakua». Stellen Sie sich selbst als ein Strahl Lebensenergie vor, der von Ihrer Seele ausgeschickt wird, damit er zu mentaler, emotionaler und physischer Energie verdichtet wird und von Mutter Erde in Ihrem gegenwärtigen Leben gehalten wird für einen besonderen Zweck. Ihre Seelenebene ist kein weiterer Aspekt Ihrer selbst, *Sie sind ein Aspekt Ihrer Seele.*

Bei der Arbeit mit den unteren Ebenen Ihres Selbst haben Sie versucht, sich das bewußt zu machen, was in Ihrem Inneren ist. Indem Sie zu Ihrer Seelenebene hinaufreichen, versuchen Sie, Ihr Bewußtsein zu erweitern, um etwas weit Gewaltigeres, Größeres und Weiseres als Ihr menschliches Selbst zu berühren. Es ist nicht ein Teil von Ihnen, sondern etwas, dessen Bestandteil Sie sind.

Sie können Ihre Seele als Ihr wahres Selbst betrachten. Als Kind war Ihnen klar, daß Sie die ganze Zeit weiter wuchsen. Als Erwachsener sind Sie noch immer nicht vollständig ausgewachsen. Sie sind lediglich bis an Ihre vierte (menschliche) Ebene herangewachsen. Wie das Schlangendiagramm Ihnen zeigt, müssen Sie noch die fünfte Ebene Ihres Selbst erreichen. Diese Ebene ist da und wartet noch auf Sie. Möglicherweise erleben Sie blitzartige Inspiration und unverhofftes Begreifen, wenn Ihr höheres Selbst zu Ihnen hinunterreicht und Ihr Verstandes-Selbst berührt. Möglicherweise haben Sie auch manchmal das merkwürdige Gefühl, sich über sich selbst zu erheben und auf sich hinunterzublicken, wie es viele Menschen bei Nahtodeserfahrungen berichtet haben. Dies sind Momente, in denen es Ihrem Bewußtsein für kurze Zeit gelingt, sich auf Ihre Seelenebene zu erheben, wie dies auch geschieht, wenn bei Ihrem Tod Ihre übrigen Energiekörper von Ihnen abfallen.

FÜNFTE ÜBUNG:

Sich der fünften oder Seelenebene bewußt werden

Lassen Sie sich an Ihrem persönlichen Kraftplatz bequem nieder. Achten Sie darauf, daß ein Teil Ihres Körpers den Boden berührt, entweder Ihre Fußsohlen oder die Basis Ihrer Wirbelsäule. Schließen Sie jetzt die Augen, und versuchen Sie, Ihren Verstand zur Ruhe zu bringen. Die Konzentration auf Ihren Atem könnte Ihnen dabei helfen. Versuchen Sie rhythmisch zu atmen. Bedienen Sie sich eines 4-4-4-4-Musters, zählen Sie also beim Einatmen, bei der Pause zwischen Ein- und Ausatmen, beim Ausatmen und bei der Pause zwischen Aus- und Einatmen jeweils bis vier. Wiederholen Sie dies. Auf diese Weise werden Sie die Harmonie mit dieser vierten Welt, in der wir leben, herstellen. Sollten Sie sich mit diesem Atemmuster nicht wohl fühlen, dann experimentieren Sie so lange, bis Sie ein eigenes, für Sie geeignetes finden.

Sobald Sie vollkommen entspannt sind und sich losgelöst fühlen von Ihren alltäglichen Sorgen und Gedanken, versuchen Sie, sich Ihre Verbindung zur Erde bewußt zu machen. Auch dann, wenn Sie sich nicht im Erdgeschoß, sondern auf einer höheren Etage befinden, machen Sie sich den Teil Ihres Körpers bewußt, der den Boden berührt – Ihre engste Verbindung zur Erde. Spüren Sie die Kraft der Erde, die Sie zu sich herunterzieht, die Sie sicher hält und an sich drückt wie eine liebende Mutter ihr Kind. Spüren Sie, wie sich Wurzeln von der Basis Ihrer Wirbelsäule her ausbreiten und tief in die Erde gezogen werden. Verharren Sie einen Augenblick lang bei diesem Zug nach unten ...

Nun machen Sie sich nach und nach nicht nur den Zug nach unten bewußt, sondern auch die Kraft, die aus der Erde durch Ihre Wurzeln in Ihren Körper strömt. Dies ist eine Kraft, die die Erde Ihnen schenkt. Spüren Sie, wie die Energie Ihren Körper anfüllt, und machen Sie sich dabei Ihren Körper bewußt ... Ihre Sitzposition ... Bereiche, in denen möglicherweise Spannungen oder Verkrampfungen herrschen. Achten Sie auf Ihre Lungen und darauf, wie sie rhythmisch Luft aufnehmen und ausstoßen. Nehmen Sie das rhythmische Schlagen Ihres Herzens wahr und das Pulsieren Ihres Blutes. Versuchen Sie zu spüren, wie das Innere Ihres physischen Seins, ihr Skelett, tief in Ihnen Ihren Körper zusammenhält. Sollten Ihnen irgendwelche Bereiche auffallen, in denen Spannungen oder Unbehagen vorherrschen, dann versuchen Sie, diese aufzulösen. Bewegen Sie sich, wenn es notwendig ist.

Nun lassen Sie die bewußte Wahrnehmung Ihres Körpers schwächer werden. Wenden Sie sich statt dessen Ihren Gefühlen zu. Sind Sie glücklich oder traurig? Zuversichtlich oder nervös? Sind Ihre Gefühle fest in Ihnen verwurzelt, oder werden Sie durch etwas oder jemanden «aus dem Gleichgewicht» gebracht? Sollte dies zutreffen, dann versuchen Sie jetzt den Sog zu lockern und Ihren Emotionalkörper wieder auszurichten, damit er richtig in Ihnen zentriert ist. Versuchen Sie ein paar Augenblicke lang nur, Ihre Gefühle und Emotionen bewußt wahrzunehmen, ohne sich im einzelnen auf sie einzulassen. Beschränken Sie sich darauf, sie zu beobachten.

Nun führen Sie Ihr Bewußtsein eine Stufe höher zu Ihrem Verstand. Lassen Sie Ihre Gedanken vor Ihrem Verstand vorbeiziehen, ohne sie aufzuhalten. Nehmen Sie sie einfach nur wahr. Vielleicht ist es Ihnen möglich, die Hauptflußrichtung Ihrer Gedanken zu erkennen. Sind sie vor allem abstrakt und eng mit einer anderen Ebene Ihres Wesens verbunden? Denken Sie über Ihren Körper und darüber nach, wie Sie seine Bedürfnisse erfüllen sollen? Oder befassen Sie sich in Gedanken vor allem mit Ihrem Gefühlsleben? Begnügen Sie sich damit, nur zu beobachten, und lernen Sie daraus etwas über sich.

Nun heben Sie Ihr Bewußtsein ein wenig weiter an und machen sich das helle weiße Licht, das wie eine kleine Sonne ist, über Ihrem Kopf bewußt. Versuchen Sie nicht, sich das Licht vorzustellen, lassen Sie lediglich Ihr Bewußtsein so weit aufsteigen, um es ebenfalls wahrzunehmen. Denn Sie sind nicht im Begriff, das Reich der Fantasie zu betreten, Sie versuchen vielmehr, sich einen Teil Ihrer selbst bewußt zu machen, der normalerweise außerhalb Ihrer selbst beziehungsweise außerhalb der Reichweite Ihrer bewußten Wahrnehmung liegt.

Wenn Sie nun beginnen, das Zentrum Ihres höheren Selbst zu spüren oder zu sehen oder auf eine andere, für Sie angemessene Weise wahrzunehmen, dann fühlen Sie, wie sein Licht auf Sie hinabstrahlt. Spüren Sie, wie das Licht Ihren Verstand durchdringt. Machen Sie Notizen, wenn plötzlich brillante und erhellende Gedanken auftauchen.

Gestatten Sie dem Licht, Sie zu umhüllen und zu durchdringen, bis es zu Ihrem Herzen gelangt. Welche Gefühle löst es in Ihnen aus? Achten Sie auf alle neuen Gefühle oder Emotionen.

Nun durchdringt das Licht vollständig Ihren Körper. Vielleicht hat es einen Klang? Einen Geruch? Machen Sie sich jede Empfindung bewußt, die es in Ihnen auslöst, während es jede Ebene Ihres Seins durchdringt und jetzt durch Sie hindurch auch in die Erde strömt.

Baden Sie ein paar Augenblicke lang einfach nur in diesem heilenden Licht. Machen Sie sich klar, daß es sich dabei um einen Bestandteil Ihrer selbst handelt. Dieses wunderbare, heilende, froh stimmende, Einsichten fördernde Licht entstammt einer Ebene Ihres Selbst, von der Sie normalerweise abgeschnitten sind. Nehmen Sie sich vor, diese Ebene Ihres Selbst niemals wieder zu vergessen, und gestatten Sie dem Licht Ihrer Seele, alle Bereiche Ihres Lebens zu erhellen.

Sobald Sie bereit dazu sind, lassen Sie all dies langsam vor Ihrem Bewußtsein verblassen, während Sie wieder Verbindung mit dem Hier und Jetzt Ihres Alltags aufnehmen.

Öffnen Sie die Augen, machen Sie ein paar tiefe Atemzüge und strecken Sie sich. Ich rate Ihnen, sich nicht sogleich wieder in Ihren Alltag zu stürzen, sondern sich die Zeit zu nehmen, um sich richtig zu erden, indem Sie entweder etwas essen und trinken oder aber ein paar Körperübungen machen.

Wenn Sie diese Seelenbewußtseinsübung zum erstenmal ausführen, dann kann sie eine wunderbare Erfahrung für Sie sein. Ich möchte Ihnen jedoch vorschlagen, sie zu einem regelmäßigen selbstheilenden und energetisierenden Bestandteil Ihres Lebens zu machen. Einmal die Woche zur Anwendung gebracht, werden Sie, davon bin ich überzeugt, schon bald den Unterschied spüren, den sie mit sich bringt.

Ebenen sechs und sieben

Die geistige Quelle oder die belebende Kraft, in der Ihr Sein seinen Ursprung hat, ist nicht Ihr persönliches Eigentum. Sie ist eher eine Art Vater, den Sie mit allen anderen Geschöpfen auf der Erde gemeinsam haben. Die sichtbare Manifestation Ihrer geistigen Quelle ist die Sonne.

Um jedoch diese sechste Ebene erklären zu können, ist es erforderlich, auch die siebte einzubeziehen, die man als «die Gesamtheit aller Dinge» bezeichnen könnte. Obgleich Wörter – ein Hilfsmittel unserer vierten Ebene – tatsächlich vollkommen unzureichend sind, um solche Vorstellungen zu vermitteln, lauten die Namen, mit denen man versucht, diese Ebene zu fassen, Gott, Himmel, Nirvana, universelles Sein, kosmisches Bewußtsein und so fort.

Diese siebte, die Gottebene unserer selbst und der übrigen

Schöpfung ist natürlich unendlich und umfaßt alles andere, was wir bereits besprochen haben. Bei ihr handelt es sich um eine Ebene reinen Seins, nicht des Tuns, und um lernen, wachsen, sich verändern und entwickeln zu können, ist es für Gott (in Ermangelung eines besseren Ausdrucks) erforderlich, sich als Geist, der höchsten Energieform, zu verdichten. Auf den Ebenen, auf denen unsere Wahrnehmung stattfindet, sehen wir diese Punkte, in denen sich das Unendliche zu einer Energieform verdichtet, als Sterne. Daher ist unsere Sonne in Wahrheit unser Vater, da sie unsere geistige Quelle wie auch die Energiequelle ist, die das Leben auf der Erde aufrechterhält.

Es ist durchaus richtig, wenn wir uns selbst als Lichtstrahlen, als reines geistiges Licht wahrnehmen und erkennen, daß wir alle derselben Quelle entstammen. Indem jeder einzelne Lichtstrahl sich von allen übrigen abtrennt, wird er zu einer konzentrierten Energieform, zu Seelenenergie, verdichtet. Diese wiederum kondensiert zu emotionaler Energie und schließlich zu Materie, die Substanz der Erde, eine Ebene, auf der wir uns alle erneut begegnen, auch wenn wir anhand des schamanischen Netzes noch sehen werden, daß alle übrigen Ebenen ebenfalls miteinander verbunden sind.

Es ist nicht wirklich möglich, Ihnen Übungen zu empfehlen, durch die Sie Ihr Bewußtsein bis zur Geist- oder sechsten Ebene und darüber hinaus ausdehnen können. Ihr Weg zum Geistbewußtsein führt über Ihre Seelen- oder fünfte Ebene. Da Sie sich Ihrer selbst, unterstützt durch die Übungen in diesem Buch, auf dieser Ebene nach und nach bewußter werden, stoßen Sie durch den verbesserten Zugang zu Ihrem höheren Selbst automatisch auf die erforderliche Unterweisung und Führung, die für Ihre individuelle Entwicklung erforderlich ist. Kein Buch kann tatsächlich mehr leisten, als Sie auf das aufmerksam zu machen, was jenseits der vierten Welt liegt, da es von Natur aus auf diese vierte Ebene beschränkt ist.

Energiezentren und Energiekörper

Nachdem Sie sich nun durch den ersten Teil des Kapitels hindurchgearbeitet und erfahren beziehungsweise bis zu einem bestimmten Grad verstanden haben, wie die sieben Ebenen der Schlange zu Ihnen persönlich in Beziehung stehen, werden Sie zweifelsohne erkennen, auf welche Weise all dies mit den Lehren, Philosophien oder Gedankenschulen verbunden ist, denen Sie vielleicht schon früher bereits begegnet sind. Die Abbildung auf der folgenden Seite macht deutlich, daß die vedischen Lehren des alten Indiens über Chakras oder Energiezentren, mit denen viele Leser vertraut sein dürften, tatsächlich ein Bestandteil der Schlange sind. Bevor wir auf unserem schamanischen Weg weitergehen, erscheint es mir sinnvoll zu untersuchen, welches Licht Ihr neues Wissen auf diese alten indischen Weisheiten wirft. Indem wir die Farben dieser Zentren oder Tore mit dem Bild verbinden, welches wir schon entworfen haben, erhaschen wir bereits einen Blick auf die Regenbogenschlange der australischen Aborigines oder auf Bifröst, die alte nordische Regenbogenbrücke, die beide als Verbindung zwischen dem Himmel und der Erde, zwischen der geistigen und der materiellen Ebene begriffen wurden.

In der vedischen Tradition wurde die Beziehung der Menschheit zu der ihr zugrundeliegenden Dunkelheit oder der mineralischen Ebene oft geleugnet (auf die Gründe hierfür komme ich im zweiten Kapitel zurück, folglich war sie kein Bestandteil des geistigen Bildes, welches sie sich vom Menschen machte.

Basis-Chakra

Wir wollen also mit dem Basis- oder Wurzelchakra beginnen, welches sich am unteren Ende der Wirbelsäule befindet und dessen zugehörige Farbe Rot ist. Durch die Abbildung wird deutlich, daß es sich dabei weniger um ein Energiezentrum als vielmehr um einen Kreuzungspunkt oder um das Tor zwischen mineralischer Ebene

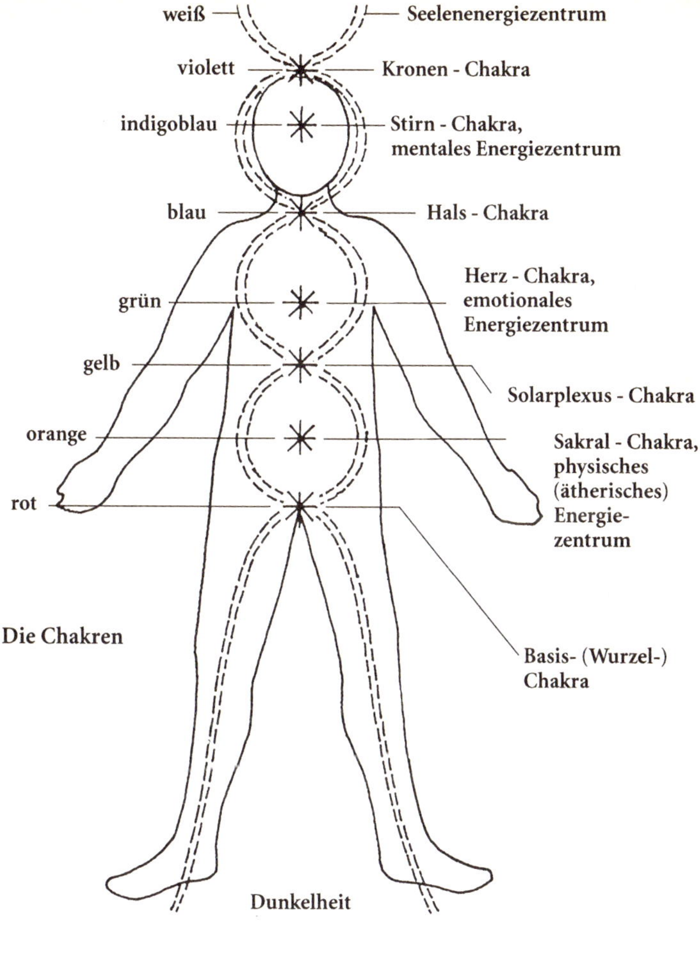
weiß
Seelenenergiezentrum
violett
Kronen - Chakra
indigoblau
Stirn - Chakra,
mentales Energiezentrum
blau
Hals - Chakra
Herz - Chakra,
emotionales
Energiezentrum
grün
gelb
Solarplexus - Chakra
orange
Sakral - Chakra,
physisches
(ätherisches)
Energie-
zentrum
rot
Basis- (Wurzel-)
Chakra
Dunkelheit

Die Chakren

beziehungsweise unserer Verbindung zur Erde und dem physischen Energiezentrum handelt. Wenn es zu fest verschlossen ist, sind wir möglicherweise nicht stark genug mit der Erde verbunden. Dies kann dazu führen, daß wir große Teile unseres Selbst verleugnen, und ist oft für jene ein Problem, die meinen, daß wirkliche Spiritualität die Ablehnung des eigenen Körpers voraussetzt. Oder aber die Störung manifestiert sich als Unfähigkeit, einen Zusammenhang zu den Folgen des eigenen Handelns herzustellen und die Verantwortung für sie zu übernehmen. Ist das Basis-Chakra zu weit geöffnet oder zu locker, dann besteht andererseits die Gefahr, daß wir in unseren Gewohnheiten zu festgefahren sind und vollkommen unbeweglich werden. Dies kann auch zur Ausbildung einer Sammelleidenschaft oder einer Neigung zum Horten führen.

Sakral-Chakra

Das zweite oder Sakral-Chakra befindet sich ein wenig unterhalb des Nabels und wird mit der Farbe Orange assoziiert. Es ist das Zentrum unseres physischen Energiekörpers, der auch oft als ätherischer oder Vitalkörper bezeichnet wird. Der physische Energiekörper erstreckt sich bis etwa 2,5 Zentimeter außerhalb des physischen Körpers und wird von jenen, die anfangen, ihre übersinnlichen Fähigkeiten zu entwickeln, oft leicht gesehen oder gefühlt. Sollten Sie sich noch nie in dieser Art der Wahrnehmung versucht haben, dann wäre dies jetzt eine gute Gelegenheit für einen Versuch. Es gelingt leichter, wenn man einen hilfsbereiten Übungspartner hat, an dem man die ersten Versuche machen kann. Sollte Ihnen jedoch eine solche Person nicht zur Verfügung stehen, dann versuchen Sie wenigstens, Ihren eigenen ätherischen Körper zu fühlen, indem Sie Ihre linke Hand ungefähr 2,5 Zentimeter über einen beliebigen anderen Körperteil halten und sie leicht auf und ab bewegen, bis Sie eine Art Widerstand wahrnehmen. Anfangs verwechseln Sie diesen möglicherweise mit der Abstrahlungswärme Ihres Körpers, doch mit ein wenig Übung wird Ihnen klarwerden, daß Sie in diesem Widerstand tatsächlich eine deutliche energetische Grenze wahrnehmen. Manche Menschen spüren eine Art Wärme, andere Kühle und wieder andere eine Art Kribbeln, und wir alle interpretieren das Erfahrene auf der Basis unseres individuellen Vokabulars der sinnlichen Wahrnehmung. Wie bei vorangegangenen Übungen seien Sie auch bei dieser, bevor Sie beginnen, klar in Ihrer Absicht, Ihren eigenen physischen Energiekörper (oder den Ihres Übungspartners) wahrnehmen zu wollen.

Mit der Unterstützung eines Übungspartners fällt es leichter, verschiedene Energiekörper im Dunkeln oder Halbdunkeln zu erkennen. Falls Ihr Partner vor einer weißen Wand steht, dann versuchen Sie, ihn nicht anzustarren, sondern Ihre Augen vielmehr zu entspannen und an ihm vorbei in die Entfernung blicken zu lassen. Am besten ist es, wenn Sie Sehhilfen, die Sie möglicherweise tragen, vorher entfernen, da diese Ihr Sehvermögen auf die akzeptierte, reine physische Norm begrenzen. Tatsächlich trifft es sogar zu, daß viele Sehschwächen gar keine echten Sehfehler sind, sondern vielmehr eine vom «Normalen» abweichende Sehweise. Nach und nach sollten Sie ein schwaches Licht erkennen, welches den Körper Ihrer Versuchsperson etwa im Abstand von 2,5 Zentimetern umhüllt. Möglicherweise können Sie auch schon eine Farbe damit in Verbindung bringen, wenn nicht, dann wird dies später hinzukommen.

Wie Sie ja bereits wissen, ist dieses physische Energieniveau mit unserer pflanzlichen Ebene identisch und vor allem mit dem physischen Körper und seinen Funktionen befaßt. Hier hat Ihre «Schaffenskraft» ihren Ursprung, die seit Ihrer Geburt für Wachstum, Verdauung und Bewegung zuständig ist. Traditionell bringt man dieses Chakra hauptsächlich mit der Fortpflanzung in Verbindung, doch strenggenommen trifft dies nicht zu. Das Sakral-Chakra ist das Energiezentrum, durch welches die physische Energie, welche der wachsende Körper eines Kindes in der Gebärmutter benötigt, kanalisiert wird, doch, wie Sie bereits erfahren haben, besteht ein Mensch aus weit mehr als einem physischen Körper,

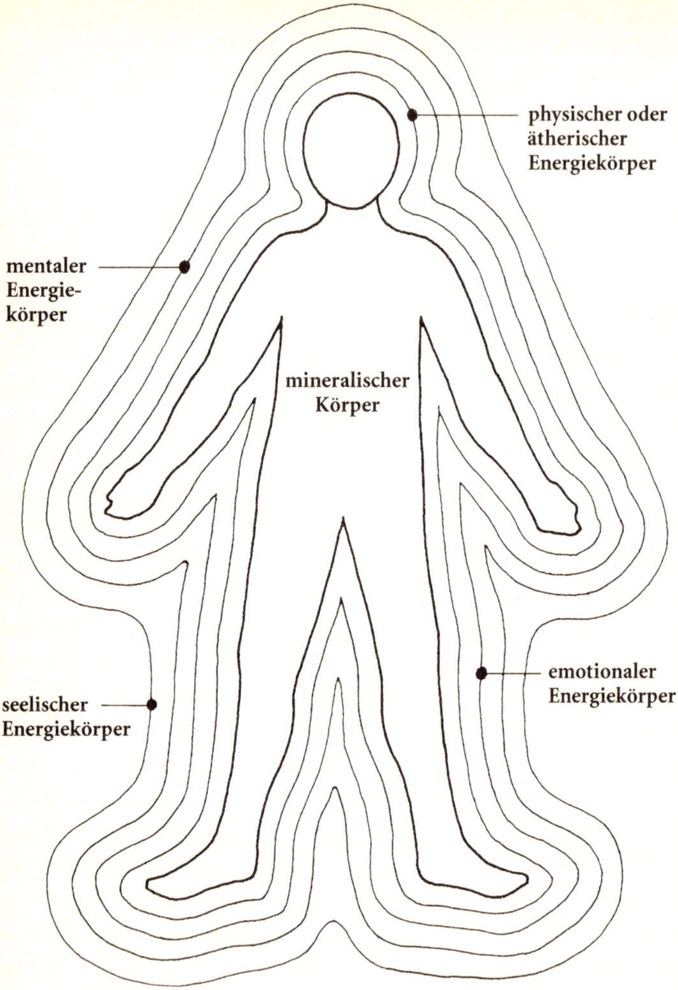

Die Energiekörper

und folglich sind alle Energiezentren einer schwangeren Frau an dem Prozeß beteiligt, ein vollständiges Fahrzeug, in dem sich eine inkarnierende Seele einnisten und entwickeln kann, aufzubauen.

Solarplexus-Chakra

Ein wenig weiter oben, zwischen dem zwölften Brustwirbel und dem ersten Lendenwirbel der Wirbelsäule oder ein wenig oberhalb des Bauchnabels und eben unterhalb der Rippen, befindet sich das Solarplexus-Chakra, mit dem die Farbe Gelb in Verbindung gebracht wird. Auch dieses Chakra ist wie das Basis-Chakra kein echtes Energiezentrum, sondern ein Tor zwischen Ihrem physischen und Ihrem emotionalen Energiezentrum. Sollten Sie feststellen, daß Ihr Leben von den Gefühlen anderer Menschen bestimmt wird oder daß die Handlungen anderer in Ihnen unangemessene Gefühlsreaktionen auslösen, dann ist es sehr wahrscheinlich, daß Sie auf dieser Ebene für äußere Einflüsse zu offen sind. Verhält es sich jedoch so, daß es Ihnen schwerfällt, Ihren Gefühlen auf der physischen Ebene Ausdruck zu verleihen, oder mangelt es Ihren rein körperlichen Beziehungen an tieferen Gefühlen, dann ist dieses Chakra vermutlich zu sehr geschlossen.

Dieses energetische Tor ist außerdem der Durchgang, durch den sogenannte Seelen- oder Astralreisen erfolgen. Diese unterscheiden sich grundlegend von schamanischen Reisen, welche, da sie in den Funktionsbereich der fünften oder Seelenebene gehören, nicht auf eine bestimmte Ebene beschränkt sind. Tatsächlich vermag der erfahrene Schamane, um zu heilen oder auszugleichen, mit seinem höheren Selbst auf jede nur erforderliche Ebene zu gelangen, während der Astralreisende auf die Ebene beschränkt ist, auf der er den Körper verläßt. Dies werde ich im dritten Kapitel noch detaillierter erklären, obgleich ich keine Methoden vorschlage, welche uns aus unserem eigenen Energiesystem hinaustragen. Von Personen, die Erfahrungen mit Astralreisen haben, wird oft berichtet, daß sie sich, während sie sich «außerhalb ihres Körpers» befinden, durch einen goldenen Faden mit dem Solarplexus ihres physischen Körpers verbunden fühlen, der für gewöhnlich schläft oder sich in Trance befindet, während sich all dies ereignet. Tatsächlich wird bei einer Astralreise das Solarplexustor so weit gedehnt, daß all unsere übrigen Energiekörper sich vom physischen Körper entfernen und sich eine Zeitlang auf der «Astralebene», die sich zwischen der physischen und der emotionalen Ebene befindet, aufhalten. Es ist offensichtlich, daß es sich dabei um keine besonders hohe Ebene handelt. In diesem Zusammenhang muß bedacht werden, daß «außerkörperliche» Erfahrungen und entkörperlichte Wesen nicht unbedingt auf einer sehr hohen spirituellen Stufe stehen. Sie alle besitzen ihren Stellenwert in der Ordnung der Dinge, doch lassen Sie sich nicht dazu verführen, ein Ziel zu verfolgen, welches weniger als das ist, was Ihnen bereits zur Verfügung steht, nur weil es Ihnen anders vorkommt. Manchmal kommt es zu Schwierigkeiten auf der Astralebene, da Sie hier nicht im Gleichklang mit Ihrem eigenen Lebensenergiestrom sind. Dies ist die Ebene der, wie sie mitunter genannt werden, erdgebundenen Geister, von Menschen also, die nach ihrem physischen Tod noch zu viele Bindungen an ihre übrigen Energiekörper haben, um sie loslassen zu können. Manche Medien und Schamanen betätigen sich auf dieser Ebene als Rettungsarbeiter, doch, ich kann es gar nicht stark genug betonen, ist die Astralebene kein Ort für die mutwillige Erforschung. Unser Ziel ist es, die verschiedenen Ebenen unseres Seins miteinander in Einklang zu bringen, und nicht, sie noch weiter aus ihrem Zusammenhang zu lösen.

Herz-Chakra

Auf der nächsten Stufe befindet sich das Herz-Chakra, dessen Farbe Grün ist und welches das Zentrum Ihres emotionalen Energiekörpers darstellt. Dieser Energiekörper erstreckt sich etwa 10 bis 15 Zentimeter über den physischen Körper hinaus aus, ist jedoch, da er aus feinerer und diffuserer Energie besteht, etwas schwerer wahrzunehmen als der ätherische Körper. Wenn Sie sich der bereits zuvor beschriebenen Methoden bedienen, mag es etwas mehr Übung erfordern, bis Sie diesen Energiekörper klar sehen oder fühlen können. Das Herz-Chakra ist das Zentrum Ihrer tierischen Ebene oder Ihres Kind-Selbst und sollte dementsprechend eine Quelle jener Kraft sein, die ihren Ursprung in Offenheit und Vertrauen hat, welche nur dann möglich sind, wenn man sich mit sich selbst im Gleichgewicht und in Harmonie befindet, denn Angst ist etwas, das aus dem eigenen Inneren herrührt.

Hals-Chakra

Es folgt das Hals-Chakra, welches das Tor zwischen dem emotionalen und dem mentalen Energiezentrum darstellt. Seine Farbe ist Blau. Wenn unsere Gedanken von Gefühlen beherrscht werden, entweder von unseren eigenen oder denen anderer Menschen, oder wenn kalte, harte Logik uns emotional hemmt, oder wenn unsere Gefühle der mentalen Energie anderer unterworfen sind, dann ist dieses Tor zu weit geöffnet. Liegt unser Verstand mit unseren Gefühlen im Streit, dann ist das Hals-Chakra zu fest verschlossen und gestattet keinen harmonischen Energiefluß zwischen den beiden Ebenen, die es miteinander verbindet. All die Tor-Chakras haben etwas mit Kommunikation zu tun, doch dieses spielt hier eine wichtigere Rolle als alle übrigen, da wir mit unserem mentalen bewußten menschlichen Selbst über die Sprache mit anderen Menschen Verbindung aufnehmen.

Stirn-Chakra

Das sechste Chakra befindet sich auf der Stirn zwischen den Augenbrauen oberhalb der Nasenwurzel und wird manchmal auch als Drittes Auge bezeichnet. Seine Farbe ist Indigoblau, ein bläuliches Purpur, und es ist das Zentrum unseres mentalen Energiekörpers, der Ebene, welche das menschliche Bewußtsein birgt. Der Energiekörper umgibt den physischen Körper mit einer bis zu 25 Zentimeter dicken Hülle. Die Wahrnehmung mentaler Energie, die noch diffuser ist als emotionale, verlangt noch größere Erfahrung.

Kronen-Chakra

Schließlich erreichen wir das Kronen-Chakra, welches sich auf dem Scheitel des Kopfes an der Stelle befindet, wo bei Babys eine weiche Stelle ist. Seine Farbe ist Violett, und es stellt die Verbindung zwischen mentalem und seelischem Energiekörper dar. Dieses Tor ist bei den meisten Menschen fest geschlossen, muß jedoch geöffnet werden, wenn wir harmonisch und gemeinschaftlich mit unserer Seelenenergie oder unserem höheren Selbst arbeiten wollen. Die Anweisungen, die in der fünften Aufgabe gegeben wurden, und die Übung am Ende dieses Kapitels werden Sie bei diesem Schritt unterstützen.

Das Zentrum des seelischen Energiekörpers wird im allgemeinen aus Gründen, die ich im nächsten Kapitel erläutern werde, nicht als Chakra betrachtet, und es befindet sich direkt über Ihrem Kopf. Wenn Sie die Arme über dem Kopf ausstrecken und an den Ellbogen abknicken, bis sich die Fingerspitzen eben berühren, dann umschließen Sie Ihr seelisches Energiezentrum, auch wenn der Energiekörper sich 30 bis 40 Zentimeter über den physischen Körper hinaus erstreckt und ihn in einen eiförmigen Energiekokon hüllt. Wer genug übt, vermag auch diese Energie mit der ihm gemäßen Methode wahrzunehmen.

Die Farbe Ihres seelischen Energiezentrums ist Weiß. Vielleicht ist es Ihnen nun möglich zu erkennen, wie das vollständige Spektrum in uns allen zwischen der Dunkelheit der Erde und dem weißen Licht unserer Seele angeordnet ist und wie in jedem einzelnen von uns durch diese Regenbogenbrücke unser materielles Wesen mit unserem geistigen verbunden wird.

So wie Farbe eine Eigenschaft des Lichts ist und die Farbe eines Objekts nicht ein eigenes Merkmal, sondern einfach den Teil des

Das seelische Energiezentrum

Spektrums darstellt, den das Objekt reflektieren kann, so zeigt die Farbe jedes Energiezentrums, welcher Teil Ihres gesamten spirituellen Spektrums sich durch ein jedes Chakra zum Ausdruck bringt, angefangen beim weißen Licht Ihrer Seele, welches das gesamte Spektrum umfaßt, bis hin zu jeder einzelnen Farbe des Regenbogens. Dies öffnet Ihnen die Türen für das Verständnis, wie die Heilung mit Licht funktioniert, und gibt Ihnen die Gelegenheit, die wahre Natur der Farben in sich selbst zu entdecken.

Regenbogenatmung

Die vorausgegangene Beschreibung der Energiekörper und Chakras ist jene eines gesunden Menschen, der vollkommen im Gleichgewicht und in Harmonie ist. Leider kommt dieser Zustand jedoch nur sehr selten vor. Wir alle profitieren davon, wenn wir regelmäßig daran arbeiten, den Fluß und Austausch der Energie zwischen den Chakras zu harmonisieren und ins Gleichgewicht zu bringen. Dies ist mit Hilfe einer Übung möglich, die sich der Farben bedient.

Vergewissern Sie sich, bevor Sie mit dieser Übung beginnen, noch einmal, daß Sie die Position und die Farbe jedes einzelnen Chakras kennen.

Setzen Sie sich bequem an Ihrem besonderen Platz nieder, entspannen Sie sich, und bereiten Sie sich auf die Arbeit vor. Sobald Sie bereit sind anzufangen, schließen Sie die Augen und konzentrieren sich auf Ihren Atem. Machen Sie sich, wenn Ihre Lungen leer sind, die gewaltige Energie der Erde unter Ihnen bewußt, eine Energie, auf deren Nutzung Sie durch Ihre Geburt auf der Erde ein Anrecht haben. Zählen Sie während des Einatmens langsam bis sieben. Während Sie dies tun, ziehen Sie bewußt die Energie Ihrer Mutter Erde nacheinander durch all Ihre Chakras mit dem Ziel hinauf, ein jedes von ihnen durch die «eingeatmete» Energie in seiner eigenen Farbe erstrahlen zu lassen. Wenn Sie bei Ihrem Kronen-Chakra angelangt sind, dann halten Sie für einen Augenblick Ihren Atem an, während die Energie, die Sie hinaufgezogen haben, in Ihr seelisches Energiezentrum fließt. Schließlich stoßen Sie die Atemluft in einem hörbaren Schwall durch den Mund aus und spüren zugleich, wie das weiße Licht aus Ihrer Seele sich in und durch Sie hindurch in die Erde ergießt. Wiederholen Sie den Vorgang so oft, wie Sie möchten.

Nachdem wir erforscht haben, in welcher Beziehung die Schlange zu uns persönlich steht, ist es nun an der Zeit, nach außen zu blikken und zu entdecken, daß sie außerdem auf einer weit bedeutenderen Ebene ein Muster der Evolution und Entwicklung ist. Im Angesicht des Ganzen dürfen wir jedoch nicht den Blick auf unseren eigenen einzigartigen Anteil daran verlieren.

ZWEITENS: **Evolution**

Lange bevor diese Welt entstand, gab es eine andere, die erste Welt, weit unter jener, in der wir uns jetzt aufhalten.

Begochiddy, das Kind der Sonne, das weder Mann noch Frau war, machte vier Berge in dieser Welt. Einen im Osten, einen im Süden, je einen im Westen und einen im Norden. Viele Geschichten werden von dieser ersten Welt erzählt, doch eigentlich wissen wir nur, daß dort irgend etwas nicht in Ordnung war.

Begochiddy wies Ersten Mann an, alle Dinge aus der ersten Welt zusammenzupacken, dann versammelten sich alle Menschen auf dem gewaltigen Berg, den Begochiddy im Zentrum dieser Welt erschaffen hatte. Dort pflanzte Begochiddy das Große Schilfrohr, und als es emporwuchs, konnte das Volk in seinem hohlen Inneren in die zweite Welt hinaufklettern.

In der zweiten Welt erschuf Begochiddy Pflanzen. Eine Zeitlang waren alle glücklich, doch dann stimmte wieder etwas nicht. Wieder pflanzte Begochiddy das Große Schilfrohr und befahl Erstem Mann und all den anderen, all die Dinge aus der ersten Welt darin zu verstauen, und als es wuchs, trug es sie alle in die dritte Welt hinauf.

In diese Welt brachte Begochiddy Wasser, Vögel und Tiere, Bäume und den Blitz. Obgleich es keine Sonne gab, war es doch hell. Zunächst ging alles gut, doch dann fingen die Menschen an, sich zu streiten, und dies trug Krankheit und Unbehagen in die Welt. Schließlich warnte Begochiddy sie, daß die dritte Welt, wenn es noch mehr Ärger gäbe, durch eine Sintflut zerstört werden würde. Bald schon stieg der Wasserpegel, doch Begochiddy hatte Mitleid mit den Menschen und pflanzte erneut ein Großes Schilfrohr. Doch diesmal hörte das Große Schilfrohr auf zu wachsen, bevor es die vierte Welt erreichte. Begochiddy gelang es, hinaufzuklettern und festzustellen, daß in dieser Welt bereits andere mächtige Wesen lebten. Mit deren Hilfe bereitete er sie für sein Volk vor, aber dennoch war es nicht dazu in der Lage, in die vierte Welt aufzusteigen.

Begochiddy fing an zu suchen. Schließlich fand er, versteckt im Fell des Kojoten, ein Wasserbaby. Begochiddy zwang den Kojoten, das Wasserbaby an den rechtmäßigen Ort in der dritten Welt zurückkehren zu lassen, und so konnte das Große Schilfrohr doch noch weiterwachsen, und das Volk gelangte in die vierte Welt, wo es bis zum heutigen Tag lebt.

Eine Schöpfungsgeschichte der Navajo

Bisher haben wir nur über die einzelnen Segmente der Schlange gesprochen und darüber, in welcher Beziehung sie zu uns stehen. Die Abbildung macht deutlich, daß die große Schlange sich tatsächlich aus den Körpern zweier Schlangen zusammensetzt. Diese können als die männliche und weibliche Seite unserer Natur betrachtet werden oder gemäß der taoistischen Tradition als der Yin-(weibliche)- und der Yang-(männliche)-Aspekt, aus denen sich alle Dinge zusammensetzen.

Als Sie sich durch das erste Kapitel hindurcharbeiteten, nach und nach jede Ebene Ihres Seins auf eine vollkommen neue Art erlebten, da ist Ihnen wahrscheinlich klargeworden, daß zwar Ihre materielle Form auf keine Weise festgelegt oder keine dauerhafte Angelegenheit ist, daß jedoch die höheren Ebenen Ihrer Seele oder geistigen Natur, auf denen Sie zwar, wenn alles gut geht, unablässig lernen und wachsen sollen, eine Beständigkeit aufweisen, die bei anderen Aspekten Ihres Seins nicht anzutreffen ist. Alle Traditionen sehen den Geist oder die Seele als etwas «Ewiges» an, als etwas ohne Anfang oder Ende. Führt man diese Vorstellung einen Schritt weiter, dann erkennt man, daß unsere Existenz als geistige Wesen (zwangsläufig) unserem Abstieg (oder unserem Fall) in die Materie vorangegangen sein muß. In vielen alten Kulturen, wie beispielsweise in den meisten vedischen Traditionen oder in den Mythen des jüdischen Alten Testaments, wurde unser Wechsel vom geistigen Reich zu unserem gegenwärtigen irdischen Leben als eine Art Bestrafung oder Vertreibung empfunden. Betrachtet man die Evolution aus spiritueller Sicht, wie dies in diesem Kapitel geschehen soll, dann ist diese Sichtweise, strenggenommen, nicht korrekt, da die Inkarnation der Menschheit auf der materiellen Ebene, wie schmerzhaft und schwierig sie auch manchmal zu sein scheint, unbedingt erforderlich ist, damit sie sich ihrer Natur gemäß entwickeln kann. Wie wir dies bereits erfahren haben, als wir uns im vorangegangenen Kapitel mit den Chakras und dem Regenbogen befaßten, sind wir Wesen, deren wahre Natur es ist, die Brücke zwischen allen Ebenen zu sein. Unsere Vorfahren vor langer Zeit, auch wenn die Brücke in ihnen sich noch im Aufbau befand, erlebten ihre spirituelle Natur sehr viel intensiver als ihre physische Existenz – genau umgekehrt wie wir heute. Daher fanden sie, daß jegliche Zeit, die sie auf der materiellen Ebene verbrachten, einer Art Exil aus ihrem tatsächlichen Zuhause gleichkam, das die Seelenebene oder das Reich ihres höheren Selbst für sie darstellte. Da sie sich in der Kleinheit ihres irdischen Lebens gefangen fühlten, ist es kein Wunder, daß die Seelenebene in Geschichten und Mythen als eine Welt der Götter und Giganten zum Ausdruck kommt.

So, wie wir alle durch die Frau, den Schoß der Menschheit, unseren Weg in die physische Existenz antreten, so können wir auch den Weg, auf dem Geist sich zu Materie verdichtet hat, als den weiblichen oder Yin-Weg benennen, und wir erkennen, daß der «geistige Samen» der Menschheit auf diesem Weg, wenn auch mit häufigen Blicken zurück, hinunter auf die irdische Ebene gelangt ist. Jener Zeit, als unsere Verbindung mit der Erde das wichtigste Ziel unserer evolutionären Entwicklung war, wird in Mythen und Legenden als der Epoche einer von Frauen dominierten, matriarchalen Gesellschaft gedacht.

Es wurde bereits erwähnt, daß die Erde mit einer wunderschönen Frau verglichen werden kann, die eine große Anziehungskraft auf ihren geistigen Gemahl ausübt. Sobald jedoch die spirituelle Entwicklung den Punkt erreicht hatte, an dem der weibliche Strahl durchquert und es dem Mann gelungen war, eine absteigende Verbindung zwischen seiner Seele und der mineralischen Ebene seines Wesens herzustellen, wurde diese Anziehungskraft zum Problem. Für die Menschheit war der Zeitpunkt gekommen, sich nun wieder auf die Seelenebene vorzuarbeiten und dabei eine Brücke zwischen dem Materiellen und dem Geistigen zu schlagen, damit alle Menschen, auf welcher Ebene sich ihr Bewußtsein auch befand, Zugang zu dem Pfad hätten, der sie miteinander verband, und in Harmonie existieren könnten, im Wissen, daß im Universum alles miteinander verknüpft ist.

Diese Krise wird im Mythos von der Sintflut verarbeitet, der sich in so vielen Traditionen findet und mit Geschichten über die untergegangenen Kontinente Atlantis und Mu zusammenhängt. Die Schwierigkeit lag darin, daß die Menschheit ihren abwärts gerichteten Weg vermutlich fortgesetzt hätte, da ihre Seele sich tiefer und tiefer zur Materie hingezogen fühlte. Die Erde lieferte die Lösung für diese Krise, indem sie einen bedeutenden Anteil ihrer «anziehenden» oder «magnetischen» Kräfte in Mineralen einbettete, die einen kleinen Bestandteil ihres Körpers ausmachten, diesen Teil dann von sich losriß und damit den weiteren Fall unserer Seelen beendete, bevor sie sich zu tief auf die materielle Ebene eingelassen hätten, von der sie sich sonst niemals mehr hätten befreien können.

Diese Vorstellung stellt das Grundmuster für viele schamanische Heiltechniken dar, die noch heute bei so unterschiedlichen Kulturen wie den australischen Aborigines und den südamerikanischen Geistheilern in Gebrauch sind.

Der Teil ihrer selbst, den die Mutter Erde auf diese Weise opferte, ist natürlich der Mond, der Bewahrer der ältesten Erdenergien, der deshalb von vielen Wissenschaftlern interessanterweise für älter gehalten wird als die Erde, statt ihn, wie es richtiger wäre, als ihren ältesten Bestandteil anzuerkennen. Indem sie ihren eigenen Körper zwischen die Anziehungskraft des Mondes und die geistige Quelle unseres Sonnensystems, unseren Vater Sonne, schiebt, reguliert die Erde das Maß ihrer anziehenden Wirkung auf uns auf rhythmische Weise, und so haben wir es folglich mit einem rhythmischen Fluß der Energie von der geistigen in eine materielle und von der materiellen zurück in eine geistige Form zu tun.

Mondphasen

Diese Zusammenhänge machen klar, wie wichtig es ist, die Berührung mit den Phasen von Großmutter Mond, wie die nordamerikanischen Indianer diesen Himmelskörper nennen, nicht zu verlieren und zu begreifen, auf welche Weise sie uns hier auf der Erde beeinflussen. Es sollte eine einfache Angelegenheit sein, die Mondphasen aus der Tageszeitung, einem Tagebuch oder Kalender in Erfahrung zu bringen, doch ist die bloße Information, und dies gilt für alle schamanische Arbeit, kein Ersatz für die eigene Erfahrung. Um wirkliche Harmonie mit dem Mond zu erreichen, müssen Sie soviel Zeit wie irgend möglich draußen zubringen und ihm ins Gesicht blicken. Machen Sie sich vertraut damit, wo er aufgehen und untergehen wird. Versuchen Sie, seinen Weg über den nächtlichen Himmel kennenzulernen, und wenn Sie anfangen, seine Wirkung auf uns hier unten auf der Erde zu spüren, widerstehen Sie aber der Versuchung, ihn als Entschuldigung für schwierige Zeiten oder mögliche schlechte Tage zu mißbrauchen. Setzen Sie Ihr wachsendes Bewußtsein lieber auf positive und kreative Weise ein, um sich selbst mit den natürlichen Gezeiten des Lebens in Einklang zu bringen.

Ohne Zweifel ist es die Zeit des Vollmonds, in welcher die Sonne dem Mond direkt ins Gesicht scheint, in der die Anziehungskraft der physischen Welt am stärksten ist. In dieser Phase sollte sich unsere physische «Schaffenskraft» auf dem Höhepunkt befinden. Sie eignet sich gut, um die Dinge aktiv und auf eine kreative, nach außen gerichtete Weise voranzubringen.

Versuchen Sie, ein wenig Zeit draußen im Licht des Vollmonds zu verbringen. Spüren Sie, wie seine magnetische Anziehungskraft sich auf jede einzelne Ebene Ihres Seins auswirkt. Machen Sie sich die Einzigartigkeit bewußt, mit der sich dies auf Sie auswirkt. Stellen Sie eine eigene Verbindung zu Großmutter Mond her, und bitten Sie sie, ihre Kraft mit Ihnen zu teilen. Das Ergebnis könnte Sie überraschen.

Wenn die Erde nach und nach ihren Körper zwischen den Mond und die Sonne schiebt und der Mond langsam abnimmt, fällt Ihnen vielleicht die Veränderung der Gewichtung auf, Sie spüren, daß sich unsere Bindung an die physische Welt lockert und wir uns mehr zu der nichtmanifestierten Seite der Dinge hingezogen fühlen – zu den Angelegenheiten der Seele und des Geistes. Während dieses Zeitabschnitts sollten wir versuchen, in Harmonie mit den natürlichen Gezeiten zu arbeiten und die Energie und das Wissen, welches wir durch ein Leben in einem physischen Körper erlangt haben, an unsere Seelen weiterzugeben, damit unser höheres Selbst durch unsere gegenwärtige Inkarnation lernen, wachsen und stärker werden kann statt auszubluten.

Während des Neumonds, wenn kein Licht der Sonne zum Mond gelangen kann und er nicht mehr länger sichtbar ist, gibt uns die Anziehungskraft der materiellen Welt weitgehend frei, und unser Zugang zu den höheren spirituellen Ebenen ist sehr viel leichter. Traditionsgemäß ist diese Zeit dem Fasten und dem Rückzug vorbehalten, und der Ursprung der Absonderung der Frauen vom Rest des Stammes während ihrer «Mondzeit» oder Menstruation, die auf natürliche Weise in diesen Abschnitt des Mondzyklus fällt, wenn man in vollkommenem Gleichgewicht und in Harmonie mit der natürlichen Welt lebt. Möglicherweise stellen Sie fest, daß Ihnen die Meditation in dieser Phase leichter fällt, daß sie lohnender ist und daß Ihre Träume aussagekräftiger sind. Haben Sie sich jedoch während des Vollmonds energetisch nicht vollständig aufgeladen, dann haben Sie vielleicht in der Neumondphase mit Müdigkeit zu kämpfen. In manchen Traditionen wird Neumond als eine Zeit der Angst und «schwarzen Magie» gesehen. Dabei handelt es sich einfach um die Furcht vor der unsichtbaren Seite der Dinge, die ihren Ursprung in einer inneren Entfremdung von unserer unsichtbaren oder geistigen Seite hat.

Sobald der Mond wieder zunimmt, geraten wir langsam erneut in den Bereich der irdischen Anziehungskraft. Nun ist der richtige Zeitpunkt, um all die Weisheit und die Erkenntnisse, die wir durch wiederholte Inkarnationen auf der Erde angesammelt und in unserem seelischen Energiekörper integriert haben, so weit wie möglich in unseren Alltag einzubringen. Die Klarheit, welche die bewußte Führung durch unser höheres Selbst oder unser Seelenselbst in unserem Leben verbreiten kann, läßt uns, statt im Dunkeln umherzuirren, unseren Weg im Hellen finden.

Mythen und Legenden

Nachdem der Mensch erst einmal den weiblichen Strahl vollständig durchlaufen und seine Seele in dem Körper zu inkarnieren vermocht hatte, den ihm seine Mutter, die Erde, gegeben hatte, war es nun an der Zeit, seine Aufmerksamkeit wieder nach oben auf den Himmel zu richten und über den männlichen Strahl dorthin zurückzukehren, woher er einst gekommen war, um den Kreis zu schließen, damit der Mensch zu einer permanenten Brücke zwischen Himmel und Erde werden konnte. Dieses Thema kann durch die Mythen und Legenden so vieler Kulturen zurückverfolgt werden, angefangen bei der Sehnsucht nach der Rückkehr in den Garten Eden in der jüdischen Mythologie bis hin zur Notwendigkeit eines «Messias» zur Wiederherstellung des Paradieses in den Quetzalcoatl-Geschichten der Azteken oder den Pahana-Mythen Mittelamerikas, welche den Sagen der Chaldäer, Sumerer, Babylonier, Assyrer, Griechen, Ägypter und Römer erstaunlich ähnlich sind.

In dieser Zeit der Wandlung und nach der Geburt des Mondes kam es zu vielen bedeutenden sozialen Veränderungen. Ihren Widerhall fanden sie im Untergang großer, wie es heißt matriarchaler Zivilisationen, derer in den Legenden von Atlantis und Mu gedacht wird und die auf dem abwärts gerichteten weiblichen Strahl beruhten und zerstört werden mußten, damit sie nicht die notwendige Rückkehr über den männlichen Strahl verhinderten. Damit war die matriarchale Gesellschaft an ihr Ende gekommen, auch wenn viel Zeit verging, bis die Große Mutter oder die Göttinnen in Vergessenheit gerieten. Zeugnisse dieser Zeit sind die sehr alten Göttinnen vieler Kulturen wie zum Beispiel die ägyptische Isis oder Ceridwen, Arianrod und Gráinne aus dem keltischen Mythos und Freyja und Hel aus dem nordischen, für die die Archäologen Beweise in Form von zahllosen Mutterfigurinen überall auf der Welt wie in Dolni Vestonice in Tschechien, Brassempouy in Frankreich und Willendorf in Österreich gefunden haben. Allmählich wurde die Gesellschaft patriarchal, und in Anerkennung der Tatsache, daß der männliche oder aufwärts gerichtete Weg zurück zu unserer geistigen Quelle nun für die Menschheit von größter Bedeutung war, wurde in vielen Kulturen der Gott oder männliche Götter verehrt.

In vielen der verbliebenen Stammesgesellschaften, welche – wie beispielsweise die Iticoteri-Indianer, die im Urwald zwischen Venezuela und Brasilien leben – bis in die heutige Zeit überlebt haben, glaubt man, daß Frauen keine eigene Macht haben und daß sie sich deshalb in der Familie unter den Schutz des dominierenden Mannes stellen müssen. Dennoch findet eine unverheiratete oder eine ältere Frau, die, nachdem sie Kinder geboren hat, die Verantwortung für ihr Leben wieder übernimmt, oft hohe Wertschätzung als außerordentlich mächtige Schamanin. Ein interessantes Beispiel hierfür kann in Florinda Donners Buch *Shabono – Eine Frau bei den Schamanen Südamerikas* nachgelesen werden, in dem sie ihre Erfahrungen im Zusammenleben mit südamerikanischen Indianern beschreibt.

Tatsächlich geben Frauen mit Absicht einen Teil ihrer Macht ab. So wie die Erde einen Teil ihres Körpers opferte, um den Abstieg in die Materie zu verlangsamen und den Bau einer Brücke zu ermöglichen, über die Materie zum Geist zurückzukehren vermag, so traten auch die Frauen in der Gesellschaft bewußt einen Schritt zurück, damit Männer bei der Rückkehr von der Materie zum Geist, so wie es sein soll, tonangebend sein würden.

An dieser Stelle ist es notwendig, drei Dinge klarzustellen. Erstens, diese Veränderungen in der Gesellschaft ereigneten sich nicht über Nacht und waren auch nicht Folge einer bewußten Verstandesentscheidung. Die Einsicht, die für die Wahl dieser Richtung Voraussetzung ist, hatte ihren Ursprung im höheren Selbst. Folglich wurde die Menschheit langsam und manchmal schmerzhaft auf einem Weg geführt, den sie nehmen mußte – so wie Eltern ein Kind in dem Wissen durch die Kindheit führen, daß Aufwachsen unvermeidlich ist, auch wenn das Kind noch nicht dazu in der Lage ist, dies zu erkennen, und daß sie ihm auf diesem Weg helfen müssen, damit es ebenfalls ein Erwachsener werden kann. Der einzige Unterschied besteht darin, daß die Eltern, über die wir hier reden, in diesem Fall ein Teil von uns selbst sind.

Zweitens, unsere Seelen oder höheren Selbst sind androgyn, also weder männlich noch weiblich. Die Geschlechtszugehörigkeit ist vor allem ein Merkmal der physischen Ebene, obgleich diese bis zu einem gewissen Grad auch den emotionalen und mentalen Energiekörper beeinflußt. Das höhere Selbst inkarniert sich in einen Körper mit der Geschlechtszugehörigkeit, die für den Lebenszweck geeignet ist, und dies zeigt, mit welchem Strahl, dem männlichen oder dem weiblichen, man während dieser Lebenszeit arbeiten will.

Drittens, man könnte von der bisherigen Lektüre dieses Kapitels darauf schließen, daß ich der Illusion unterliege, die Menschheit sei die einzige Ursache für die gesamte Schöpfung. Jeder einzelne von uns steht im Mittelpunkt seines eigenen Kreises, und folglich ist unsere Perspektive die, daß wir aus der Mitte heraus auf den Rest des Universums blicken. Es kann durchaus so erscheinen, daß alles andere sich um uns herumgruppiert, was in gewisser Weise auch zutrifft. Für einen Schamanen ist es jedoch erforderlich, das eigene Bewußtsein zu verlagern und die Dinge aus der Perspektive der anderen zu erleben. Selbstverständlich ist die Menschheit im Plan des Universums nicht von größter Wichtigkeit, doch ist sie ein sehr notwendiger und wesentlicher Bestandteil der Dinge. Als Menschen versuchen wir, uns selbst und die Rolle, die wir im Plan der Dinge spielen sollen, zu begreifen. Wir dürfen uns deshalb nicht blind machen lassen für die Bedeutung aller übrigen Teile der Schöpfung oder für die Verbundenheit aller Dinge miteinander. Wir sind bereits mit der Tatsache vertraut, daß auf der höchsten Stufe alle Dinge, welcher Ordnung sie auch angehören mögen, eins sind, und in unseren Beziehungen zu den Dingen in der Welt, die uns umgibt, erleben wir tatsächlich einen Aspekt des Unendlichen.

Das Netz des Lebens

Um diesen Punkt besser zu verstehen, ist es hilfreich, wenn wir unsere eigene Verbundenheit mit dem Rest des Universums erfahren. In Übereinstimmung mit modernen wissenschaftlichen Erkenntnissen besteht im Erleben des Schamanen die ganze ihn umgebende Welt aus unterschiedlichen Energieschwingungen. Wir werden nun versuchen, unser Bewußtsein derart zu erweitern, daß wir die energetischen Bindeglieder, die uns mit allem anderen verbinden, direkt wahrnehmen können. Die Schamanen vieler Traditionen haben sich des Spinnennetzes als Bild für dieses Energiemuster bedient, und trotz unserer modernen wissenschaftlichen Erkenntnisse über energetische Verbindungen bleibt es die beste Methode, um dieses Phänomen erfahrbar zu machen.

Setzen Sie sich bequem an Ihren besonderen Platz zu einem Zeitpunkt, da Sie sich ungestört wissen. Bereiten Sie sich so vor, wie es im ersten Kapitel erklärt wird oder wie es Ihnen angemessen erscheint. Konzentrieren Sie sich so lange auf Ihre Atmung, bis Sie vollkommen entspannt und ruhig sind. Dann versuchen Sie, sich Ihre unmittelbare Umgebung bewußt zu machen, ohne die Augen hierfür zu öffnen. Ich beschreibe die Situation nun so, als befänden Sie sich in einem Zimmer Ihres Zuhause. Sollten Sie sich jedoch an einem Kraftort im Freien aufhalten, dann ändern Sie einfach die Anweisungen entsprechend um. Wählen Sie zunächst einen Gegenstand aus, den Sie gut kennen, vielleicht eine Pflanze, einen Kristall oder ein anderes Zierobjekt. Versuchen Sie Ihre Verbindung mit diesem Objekt zu spüren.

Stellen Sie sich diese Verbindung vor, oder spüren Sie sie wie eine zarte Faser, die von Ihrem Körper bis zu dem Gegenstand reicht, auf den Sie sich konzentrieren. Es kann eine Weile dauern oder auch mehrere Versuche erforderlich machen, bis Sie sich mit der Vorstellung sicher genug fühlen, um fortzufahren. Übereilen Sie nichts, seien Sie mit dem Tempo zufrieden, das Ihnen entspricht. Sobald Sie sich dieser ersten verbindenden Faser sicher sind, erweitern Sie Ihr Bewußtsein derart, daß es alle Minerale umfaßt, dann alle Pflanzen, dann die Gegenstände in Ihrer Nähe, in denen Sie Bedeutung oder Kraft gefunden haben. Bauen Sie Ihr Bewußtsein von dem energetischen Netz, welches Sie mit Ihrer unmittelbaren Umgebung verbindet, Faser um Faser auf.

Sobald Sie bereit dazu sind, erweitern Sie Ihr Bewußtsein noch ein wenig mehr, genug, um das ganze Haus einzuschließen. Vielleicht halten sich noch andere Menschen in dem Gebäude auf. Erspüren Sie Ihre Verbindung mit jedem einzelnen von ihnen. Versuchen Sie sich eine Vorstellung davon zu machen, wo die Faser Ihren Körper verläßt und wo sie den des anderen Menschen berührt. Möglicherweise besitzen Sie Haustiere, machen Sie sich also Ihre Verbindung mit jedem einzelnen von ihnen bewußt, bis hin zum kleinsten Goldfisch oder Insekt. Es gibt Fasern, die Sie mit allem verknüpfen, was in Ihrem Zuhause lebt, und, wie die nordamerikanischen Indianer es lehren, alles, was existiert, lebt. Machen Sie sich auch die Fasern bewußt, die Sie mit dem Gestein im Boden verbinden, auf dem Ihr Haus errichtet ist.

Sobald Sie bereit dazu sind, dehnen Sie Ihr Bewußtsein noch etwas weiter aus, bis es auch die Nachbarschaft umfaßt, in der Sie wohnen. Spüren Sie die Fasern, die Sie mit jeder Person verbinden, ob jung oder alt, ob Freund oder Feind. Spüren Sie Ihre Verbindung zu jedem Tier, ob es sich in der Luft, über oder unter der Erde befindet, zu jeder Pflanze, vom höchsten Baum bis zum Moos auf der Mauer und zu den Felsen und Steinen im Boden.

Da Ihr Bewußtsein sich mehr und mehr ausdehnt, um das Netz des Lebens zu knüpfen, werden Sie schon bald ohne meine Führung weiter vorankommen. Schon sind Sie sich Ihrer Verbindung mit Ihrem ganzen Land und mit der ganzen Erde bewußt, doch hören Sie hier nicht auf. Erweitern Sie Ihr Bewußtsein, bis es das ganze Sonnensystem umfaßt. Spüren Sie die Fasern, die Sie mit Mutter Erde und Vater Sonne verbinden, aber nehmen Sie auch jene wahr, die Sie mit dem Mond und all den anderen Planeten verknüpfen, die physische Manifestationen spiritueller Wesen sind.

Nun machen Sie einen letzten Bewußtseinssprung und erleben Ihre Verbindung zum gesamten Universum. Sie sind an jeden Stern und jeden Planeten gebunden, an alle sichtbaren und unsichtbaren Dinge, an bekannte und unbekannte. Spüren Sie die Fasern. Erkennen Sie Ihren Stellenwert als einen wesentlichen Teil des Netzes. Niemals wieder werden Sie sich verloren oder allein fühlen, denn Sie haben Ihren Platz im Plan der Dinge erfahren. Wo immer Sie sich auch aufhalten, Sie sind anerkannt und werden geliebt.

Nun lassen Sie Ihr Bewußtsein langsam wieder kleiner werden. Zurück zum Sonnensystem … zur Erde … zu Ihrem Land … in Ihre Stadt … zu Ihrem Haus … in Ihr Zimmer mit Ihnen darin. Während Ihr Bewußtsein sich auf seinen normalen Umfang zusammenzieht, machen Sie sich klar, daß Sie Ihren Platz im Netz nicht verloren haben – die Dinge sind noch immer so, wie Sie sie eben erfahren haben, Sie sind sich ihrer nur nicht mehr bewußt. Hasten Sie aus dieser Erfahrung nicht zurück in Ihren Alltag, nehmen Sie sich Zeit, um etwas zu essen oder zu trinken, und achten Sie darauf, daß Sie in Ihrem Alltagsbewußtsein fest verwurzelt sind, bevor Sie sich wieder mit den gewohnten Aufgaben befassen.

Nachdem Sie nun Ihren Platz im Universum erfahren haben, möchte ich nun die Betrachtung wiederaufnehmen, wie die Menschheit dorthin gelangt ist. Die Vollendung des abwärts gewandten, weiblichen Wegs und die Geburt des Mondes kennzeichneten die feste Verknüpfung des Menschen mit der Erde auf seiner mineralischen Ebene. In seiner Entwicklung über die pflanzliche und tierische Ebene den männlichen Weg hinauf sehen wir, wie er sich von einem Geschöpf, für welches Überleben das vorrangige Thema ist, zu einem Wesen mit komplexen sozialen Stammesstrukturen entwickelt hat. Dies hängt natürlich mit dem Wandel des Menschen vom Jäger und Sammler zum seßhaften Ackerbauern zusammen, der mehr Zeit und Sicherheit hatte, um sein Leben mehr als dem reinen Überleben widmen zu können. Durch diese Veränderung ging viel verloren, die Nähe des Menschen zur Erde und sein Einssein mit den natürlichen Gezeiten des Lebens waren notwendige Opfer, um weitere Fortschritte zu machen.

Der Übergang von der tierischen zur mentalen Ebene kann in der geschriebenen Geschichte zurückverfolgt werden. Daß die

Menschheit begann, die Welt nicht mehr als die zu sehen, die sie war, sondern wie sie vielleicht einmal werden könnte, und daß der einzelne anfing, seine individuellen Rechte über das Wohl der Gemeinschaft zu setzen, zeigt, daß eine langsame Veränderung stattfand. Obgleich die Industrielle Revolution als offizielles Datum für diesen Übergang angesehen wird, liegen seine Anfänge viele hundert Jahre zurück, und auch sein Abschluß erfolgte keineswegs über Nacht.

Die Menschheit befindet sich nun fest verwurzelt auf der vierten oder mentalen Ebene und hat weitgehend vergessen, woher sie gekommen ist oder wohin sie eigentlich unterwegs sein sollte. Die verzweifelte Suche so vieler Menschen heute nach einer geistigen Identität, der Drang, sich in den Weltraum zu flüchten, und die Fähigkeit der modernen Technologie zur Destruktion sind allesamt Symptome für eine Menschheit, die auf der vierten Ebene steckengeblieben ist. Doch ist noch nicht alles verloren, denn für jene, die wissen, wo man suchen muß, sind die Anfänge unseres Übergangs zur fünften Ebene bereits offensichtlich. Politische Friedensinitiativen und das Aufbrechen nationaler Grenzen sind ein gutes Zeichen. Das neue Zeitalter geistiger und ethischer Werte, die mehr Gewicht haben als der persönliche Gewinn, dämmert bereits am Horizont. Das ist es, worauf die Menschheit hinarbeiten muß. Wollen wir hoffen, daß die fünfte Ebene des Seelenbewußtseins erreicht werden kann, um die Krise, an dessen Rand uns unsere beschränkte Wahrnehmung der vierten Ebene geführt hat, noch rechtzeitig abzuwenden.

Mir wurde gesagt, daß die gesamte Entwicklung der Menschheit, wie ich sie soeben beschrieben habe, tatsächlich eine verkürzte Wiederholung dessen ist, was sich in anderen Welten in unterschiedlichen Phasen unseres Lernens und unserer Evolution, ja während vorangegangener Schöpfungszyklen ereignet hat. Ich erwähne das nur als eine interessante Vorstellung. Für mich sind dies Informationen, die der vierten Ebene entstammen. Im Unterschied hierzu handelt es sich beim Rest des Buches um Einsichten über das, was ich über viele Leben hinweg angesammelt habe und was ich nun von meiner seelischen Ebene aus über die mentale in Form eines Buches an andere weitergeben kann. Meiner Überzeugung nach folgt die Existenz der Erde nahezu sicher daraus, daß viele geistige Daseinsformen, von denen die Menschheit nur eine ist, den weiblichen Strahl erfolgreich durchlaufen und zum Abschluß gebracht und sich dann getrennt haben, um ihrem eigenen evolutionären Pfad zu folgen. Also ist es nur zu wahrscheinlich, daß der erste Teil unserer Zeit auf der Erde die Wiederholung einer Sache war, die sich in einem weit größeren Zeitmaß ereignet hat, vergleichbar der Entwicklung eines Fötus im Leib der Mutter, der die gesamte physische Entwicklung seiner Spezies, ob es sich dabei nun um die der Ratte oder des Menschen handelt, neu durchläuft.

Solche Vorstellungen haben jedoch, wie interessant sie auch sein mögen, für uns heute wenig Bedeutung. Das Zeitmaß der menschlichen Evolution spielt keinerlei Rolle. Es sind vielmehr Richtung und Reihenfolge, die wir begreifen müssen, um heute auf schamanischem Weg Gleichgewicht und Harmonie in unserem Leben herzustellen und vertrauensvoll der Zukunft entgegenzugehen.

Lassen Sie uns also nun untersuchen, auf welche praktische Weise unsere neuen Einsichten in unser gegenwärtiges Leben eingebracht werden können. Es wurde bereits erwähnt, daß der Körper eines sich entwickelnden Kindes in den ersten Wochen im Leib seiner Mutter die gesamte physische Evolution des menschlichen Körpers durchläuft: vom einzelnen, pflanzenähnlichen Geschöpf, durch eine fischähnliche, eine amphibische und reptilienähnliche Phase, bis es schließlich einem kleinen Säugetier gleicht, das seinen Schwanz allmählich in den Körper absorbiert und schließlich die Gestalt eines Menschen in Kleinausgabe annimmt. Auf ähnliche Weise durchlaufen wir während der Kindheit und Jugend die gesamte geistige Entwicklung der Menschheit.

Wenn unser höheres Selbst entscheidet, daß es wieder an der Zeit ist, das Leben auf der materiellen Ebene zu erleben, dann nimmt es über den bereits zum Abschluß gebrachten weiblichen

Strahl Verbindung zur Erde auf und baut mit der Hilfe des Wesens, das es sich zur Mutter gewählt hat, seine eigene mineralische Verbindung mit der Erde auf. Bis dieser Prozeß zum Abschluß gebracht ist, hat sich die Seele, nicht ohne Unterstützung, ausreichend verdichtet, um sich selbst fest an den kleinen Körper zu binden, mit dem die Eltern sie versorgt haben. Damit ist der Zeitpunkt der Geburt gekommen. Die Seele ist nun bereit, den männlichen Strahl zu durchlaufen und aufzuwachsen.

Die Ebene, welche das Kind in der Folge absolvieren muß, ist die physische, und für die nächsten sieben Jahre seines Lebens wird es die Basis für sein pflanzliches Selbst entwickeln. Das bedeutet nicht, daß ein Kind unter sieben Jahren keine Gefühle oder andere Eigenschaften hat, die mit der tierischen oder Herzensebene in Verbindung gebracht werden, noch, daß ihm der Verstand und die Qualitäten fehlen, die zur menschlichen Ebene gehören. Diese Ebenen sind vorhanden und warten darauf, zum richtigen Zeitpunkt erreicht zu werden. In dieser Phase der Entwicklung können sie nur über die physische Ebene erreicht und sollten keinesfalls, wie manche gegenwärtige Erziehungspraktiken dies vorschlagen, direkt angesprochen werden, da dies den Fluß der vitalen ätherischen oder Lebensenergie vom Körper des Kindes ablenkt und eine lebenslange Schwäche in diesem Bereich bewirkt. Kinderheilkundliche Untersuchungen bei kleinen Kindern haben gezeigt, daß sie sich emotional an jeden binden, der sie füttert, kleidet und physisch beruhigt und tröstet. Gleichermaßen zeigte sich, daß sie lernen, indem sie die Welt um sie herum imitieren – sich auf das Tun verlegen statt auf intellektuelle Erklärungen. Es ist folglich erkennbar, daß sowohl die mentale wie auch die emotionale Ebene des in der Entwicklung befindlichen Kindes in den ersten sieben Jahren seines Lebens vom physischen Energiekörper abhängig ist und über diesen angesprochen werden muß.

Bis das Kind sieben Jahre alt ist – dies ist keineswegs als genau festgelegte Altersangabe zu verstehen –, hat es, wenn seiner natürlichen Entwicklung nichts im Wege stand, die Ausbildung seines physischen oder ätherischen Energiekörpers abgeschlossen und ist bereit, die Arbeit auf seiner tierischen oder Herzebene aufzunehmen und mit dem Aufbau des emotionalen Energiekörpers zu beginnen. Wie zuvor beim physischen Energiekörper besitzt die inkarnierte Seele bereits ein grundlegendes Gerüst, auf das aufgebaut werden kann.

Es ist von vielen Kinderpsychiatern, Pädagogen und Kinderärzten, wie zum Beispiel Piaget und Steiner, festgestellt worden, daß Kinder im Alter von etwa sieben Jahren anders als zuvor zur Welt in Beziehung treten. Das Kind erkennt, daß auch das, was es nicht sieht oder direkt erlebt, existieren kann. Es begreift, welche Stellung es in seiner Familie und in seiner unmittelbaren sozialen Umgebung einnimmt, erlebt sich nicht mehr länger als das Zentrum aller Dinge, sondern ist nun fähig, auf einfühlsame und fürsorgliche Weise auf andere zuzugehen und sich mit ihnen auszutauschen. Nun beginnt es, eine emotionale Bindung zu Personen, die es bewundert, die jedoch keinen direkten Einfluß auf sein Wohlergehen haben, und zu Dingen zu entwickeln. Dies ist die Zeit der Helden, besten Freunde, zu erschlagenden Drachen, der zu bekämpfenden Ungerechtigkeiten und des zu erfüllenden Strebens. Alle Kinder leben, während sie ihren emotionalen Energiekörper aufbauen, in der Welt der Märchen und Sagen. Wenn sie die Gelegenheit dazu erhalten, dann werden sie das Gute und Schöne lieben und ihm nachstreben und das fürchten wie auch hassen, was sie als schlecht erleben. Erhalten sie diese Gelegenheit nicht, sind sie vielmehr von unserer technologischen Welt umgeben, in der sie nicht zwischen Wirklichkeit und Schwindel, Wahrheit und Täuschung, richtig und falsch unterscheiden können, werden ihnen die erwachsenen Grauschattierungen auferlegt, unsere Erklärungen und Einsichten der vierten Ebene, dann werden sie dennoch ihr Bestes tun, um einen emotionalen Energiekörper aufzubauen, der es ihnen gestattet, so in der Welt zu funktionieren, wie sie sie erleben. Statt jedoch eine wahrhaftige Ausdrucksform dessen zu sein, wer und was ein Kind wirklich ist, kann dabei ein recht entstelltes Wesen herauskommen, das die Grenzen und Hemmnisse zeigt, welche die Welt seinem Wachstum auferlegt hat.

Auch das heißt jedoch nicht, daß Kinder zwischen sieben und vierzehn beziehungsweise bis zur Pubertät nicht fähig sind, ihren Verstand zu gebrauchen. Sie sind im Gegenteil während dieser Phase ihres Lebens dazu in der Lage, sehr viel zu lernen. Doch jeder, der etwas mit der Unterrichtung von Kindern zu tun hatte, entweder als Lehrer oder einfach als zuständiger Elternteil, wird erkannt haben, daß man nur dafür sorgen muß, daß ein Kind das Fach, welches man unterrichtet, gerne mag und es sich emotional für das interessiert, was es tut, und schon hat man selbst Schwierigkeiten, mit ihm Schritt zu halten. Versuchen Sie jedoch, es auf eine trokkene, intellektuelle Art zu unterweisen, die eher für ältere Kinder angemessen ist, dann haben Sie womöglich eine Revolution am Hals! Ihr Verstand muß über ihren emotionalen Energiekörper angesprochen werden, da ein direktes Herangehen Energie vom emotionalen Energiekörper abzieht und zu einer Schwächung dieser Ebene führt – nach meiner Erfahrung ein sehr weit verbreitetes Problem.

Sobald die inkarnierte Seele etwa vierzehn Jahre auf der Erde ist, sollte der Aufbau ihres emotionalen Energiekörpers zum Abschluß gekommen sein, obgleich dem Kind auf dieser Ebene wie beim physischen Energiekörper auch danach noch einiges Wachstum bevorsteht. Der Eintritt des Jugendlichen in die vierte oder Erwachsenenwelt wird durch zahlreiche Veränderungen angekündigt, die sich auf sein gesamtes System geradezu schockierend auswirken können. Mit der Pubertät gewinnt ein junger Mensch eine vollkommen neue Einstellung zur Welt. Womit er zuvor leben und was er akzeptieren konnte, wird jetzt in Frage gestellt, herausgefordert und verändert. Das Kind steht von neuem im Mittelpunkt seiner Welt – in dieser Hinsicht liegt eine große Ähnlichkeit zwischen der vierten und der zweiten Ebene vor. Nun ist der Zeitpunkt für formales intellektuelles Lernen gekommen. Sollte sich das Kind bis zu diesem Augenblick auf ausgewogene Weise entwickelt haben, dann gehört die Welt jetzt ihm. Es gibt nichts, was das Kind nicht tun kann, und nichts ist zu heilig, um nicht in das kalte, harte Tageslicht gehalten, untersucht und hinterfragt zu werden. Wir wollen hoffen, daß sich ein Großteil dessen, was das Kind zum Aufbau seines Lebens erhalten hat, als gut und wahrhaftig herausstellt. Manche Seelen verschließen an dieser Stelle das Tor fest vor den unteren Ebenen ihrer selbst und sind unfähig, mit dem fertig zu werden, was sie dort antreffen. Andere wiederum ziehen sich in diese unteren Welten zurück, weil es ihnen nicht gelingt, die Herausforderungen der vierten Welt zu meistern.

In der Zeit vom vierzehnten bis zum einundzwanzigsten Lebensjahr bildet der junge Mensch seinen mentalen Energiekörper aus. Er lebt ausschließlich durch die vierte oder menschliche Ebene (vorausgesetzt, seine Kindheit ist bisher so abgelaufen, daß er sich in einem ordentlich ausgewogenen Gesundheitszustand bis zu diesem Punkt vorarbeiten konnte) in der vierten Welt der evolutionären menschlichen Entwicklung. Der junge Mensch hat den Rest der Menschheit eingeholt! Es stellt sich die Frage, was wird er als nächstes tun?

Wie wir bereits gesehen haben, ist nun die Zeit für das Eintreten in die fünfte Welt gekommen. Die vierte Welt balanciert an der Schwelle zu jeder denkbaren Katastrophe. Wird es uns gelingen, den von uns verlangten Sprung hinauf zu tun, damit wir einen bewußten Zugang zu unserer Seelenebene erlangen und unser Leben vom Standpunkt des höheren Selbst aus führen können? Auf diese Weise würden wir den ersten Schritt auf dem Weg in die fünfte Welt machen und das Tor durchschreiten, welches wir alle während unseres einundzwanzigsten Jahres auf der Erde erreichen sollten. Die Tradition besagt, daß wir mit einundzwanzig den Schlüssel zu diesem Tor besitzen. Aber offenbar haben wir vergessen, um welches Tor es sich handelt. Wie viele von uns werden den Mut haben, den Zugang zum Kronen-Chakra zu öffnen und durch es hindurch in die fünfte Welt einzutreten?

In der vierten Welt erleben wir uns als im Verstand zentriert.

Wir betrachten uns als Verstand, der auch mit einem Körper und mit Gefühlen versehen ist. Wenn wir das Bewußtsein der fünften Ebene erreichen, dann erkennen wir langsam, daß der wahre Sitz des Ichs oder Selbst die Seele ist. Wir erleben uns als Seelen, die mit einem Verstand, mit Herz und Körper, den wir bewohnen und versorgen müssen, ausgerüstet sind. Dieser Bewußtseinszustand ist in vielen Religionen beschrieben worden, doch welche Terminologie wir auch gelernt haben – ob als Erleuchtung, Christus- oder Buddha-Bewußtsein und so fort –, welchen Pfad wir auch gegangen sind, um ihn zu erreichen, die Erfahrung ist im wesentlichen immer die gleiche. So wie sich die Mythen der unterschiedlichen Kulturen jeweils einer eigenen Bildersprache bedient haben, um ein und dieselbe Wahrheit zu beschreiben, so haben auch die verschiedenen Lehrer über die Jahrhunderte hinweg jeweils den Weg geschildert, der sie zum Bewußtsein der fünften Ebene geführt hat. Es war der Fehler ihrer Anhänger, in dem ihnen jeweils beigebrachten Weg den einzig möglichen zu sehen.

Wir leben in einem einzigartigen Abschnitt der Geschichte. Niemals zuvor war es möglich, selbst über den eigenen Weg zu bestimmen. In der Vergangenheit wurden wir in eine bestimmte Kultur oder Religion hineingeboren, der wir uns entweder unterwarfen oder auf eigene Gefahr entzogen. Selbst, wenn es uns gelang, die Religion zu wechseln, dann geschah dies für gewöhnlich nur zu dem Zweck, um uns anderen religiösen Richtlinien oder Praktiken oder dem Weg anzuschließen, den ein bestimmter Lehrer für uns festlegte. Heute werden wir von Wahlmöglichkeiten verwöhnt. Für den spirituellen Konsumenten sind heute so viele Wege zum Heil auf dem Markt, daß wir die fünfte Welt offenbar nur deshalb noch nicht erreicht haben, weil entweder nicht genügend Interesse daran besteht oder weil uns die richtige Währung fehlt!

Da Sie das Buch bis zu dieser Stelle gelesen haben, bin ich sicher, Ihnen ist bereits klar, daß nur Ihr eigener einzigartiger Weg zum Bewußtsein der fünften Ebene führen kann. Ich versuche auf diesen Seiten ein wenig Licht auf diesen Weg zu werfen, doch nur Sie sind wirklich dazu in der Lage, darüber zu entscheiden, was für Sie funktioniert. Sehen Sie sich unbedingt genau um, und finden Sie heraus, was im Angebot ist, aber verlieren Sie dabei nicht das Bewußtsein dessen, wer Sie sind, woher Sie kommen und wohin Sie unterwegs sind. Sollten Sie etwas sehen oder von etwas hören, das Sie in Ihren Bemühungen voranbringen könnte, dann probieren Sie es unbedingt aus. Aber tun Sie es zu Ihren Bedingungen. Hüten Sie sich vor allem, was Ausschließlichkeit beansprucht, und vor jedem, der behauptet zu wissen, was für Sie am besten ist. Sie tragen in sich einen Führer oder Lehrer – Ihr höheres Selbst –, der seit Anbeginn der Zeit an Ihrer Seite ist. Ihr höheres Selbst hat Sie den weiblichen Strahl hinunter zu Ihrem physischen Dasein geführt, und nun ist es Ihnen mit der Hilfe Ihres inneren Lehrers gelungen, den männlichen Strahl wieder hinaufzuwandern bis fast zu dem Punkt, an dem Sie wieder mit Ihrem wahren Selbst vereinigt werden können. Nutzen Sie alles, was Ihnen beim Erreichen dieses Ziels helfen kann, doch lassen Sie es nicht zu, daß Sie jetzt noch irgend etwas aufhält. Sie sind Ihrem Ziel schon so nahe!

Im nächsten Kapitel werden wir die schamanischen Techniken näher kennenlernen, mit deren Hilfe wir die unterschiedlichen Ebenen unseres Selbst direkt erleben und die Brücke festigen können, die wir zu errichten versuchen. Außerdem werden wir lernen, unserem höheren Selbst näherzukommen, um uns direkt von ihm führen zu lassen. Doch betrachten wir noch die praktische Anwendbarkeit dessen, was wir bisher in diesem Kapitel gelernt haben.

Zu erkennen, daß Sie während Ihres Aufwachsens und Ihrer Entwicklung nicht allein waren, kann bereits eine Entdeckung mit heilender Wirkung sein. Wenn wir den Sinn der verschiedenen Kindheitsphasen begreifen, können wir erkennen, wo unsere Schwächen liegen, und mit dem Prozeß der Heilung und des Ausgleichens beginnen. Hoffentlich werden wir außerdem verständnisvoller und mitfühlender gegenüber unseren Mitmenschen, da wir nun den Weg kennen, den wir mit ihnen gemeinsam gegangen sind. Für jene, die direkt etwas mit der Betreuung von Kindern und Jugendlichen zu tun haben, sind die Auswirkungen gewaltig. Es sollte das Ziel aller Eltern und Lehrer sein, bewußt und direkt mit dem höheren Selbst des Kindes zusammenzuarbeiten, dessen Seele sich ihrer Obhut anvertraut hat, und ihm die bestmögliche Chance zu geben, um seinen Lebenszweck zu erfüllen. Dann vielleicht wird unsere Generation die letzte sein, die Bücher über Selbstheilung und Selbstverwirklichung lesen muß!

Die in diesem Kapitel übermittelten Informationen könnten entweder als faszinierende neue Evolutionstheorie oder aber als weit hergeholte Phantasterei empfunden werden. Wie sich dies auch für Sie darstellen mag, welche Relevanz könnten sie für Ihr Leben haben? Der Sinn dieses Buches liegt nicht darin, die Köpfe der Leute mit interessanten Ideen zu füllen. Es will vielmehr einen Anstoß geben, das Leben zu verändern. Die vorangegangenen Informationen sollen Ihr Bewußtsein erweitern, das Sie von sich selbst und Ihrer Welt haben, damit Sie Ihr Leben und Ihre Beziehungen zu den Menschen Ihrer Umgebung aus einer umfassenderen und sinnvolleren Perspektive betrachten können.

Falls Sie den Inhalt dieses Kapitels nicht akzeptieren können, dann finden Sie heraus, woher diese Reaktion kommt. Vielleicht müssen Sie, um die obigen Vorstellungen «lernen» zu können, erst einen Großteil Ihrer Programmierungen aus der Vergangenheit «entlernen». Sehen Sie sich bei Ihren Freunden, Verwandten und Bekannten um. Obwohl die Menschheit in ihrer Gesamtheit nun an der Schwelle zur fünften Welt steht, bedeutet dies nicht, daß jedes einzelne Individuum den gleichen Punkt in seiner persönlichen Entwicklung erreicht hat. Auch wenn das Bewußtsein jedes Menschen seinen Sitz vor allem im eigenen mentalen Energiekörper hat – so wie sich das Bewußtsein von Tieren vor allem (aber nicht ausschließlich) in ihrem emotionalen oder instinktiven und das von Pflanzen im physischen Energiekörper befindet –, dann bedeutet dies nicht, daß der mentale Energiekörper bei jedem Menschen ebenso stark entwickelt ist wie seine übrigen Energiekörper.

Jemand, der vor allem mit seinem eigenen physischen Wohlbefinden und Vergnügen beschäftigt ist, der Sinneseindrücke zum Mittelpunkt seines Lebens macht und sich für nichts anderes als für sich selbst interessiert, lebt primär durch die zweite oder pflanzliche Ebene seiner eigenen persönlichen Evolution. Das heißt nicht, daß er auf irgendeine Weise «böse» oder minderwertig ist. Es bedeutet lediglich, daß dieser Mensch in seiner Lebenszeit aus Gründen, die nur sein eigenes höheres Selbst kennt, vor allem mit dieser Ebene seines Selbst beschäftigt ist.

Jemand, der vor allem durch seine Gefühle und Instinkte lebt, der ausschließlich mit seiner Familie oder seinem Klan befaßt ist und sein Bewußtsein nur auf das richten kann, was ihn selbst oder den Kreis von Menschen, der ihm nahesteht, unmittelbar berührt, lebt hauptsächlich in der dritten Welt seiner persönlichen Entwicklung. So wie die zweite Welt die des Eigen-Bewußtseins ist, so stellt die dritte jene des Stammes-Bewußtseins dar. Die vierte Welt bildet die Ebene des nationalen oder politischen Bewußtseins, und man kann daraus folgern, daß die heranbrechende fünfte Welt die Ebene des globalen Bewußtseins sein wird.

Wie also werden sich Ihre neuen Einsichten darauf auswirken, wie Sie auf die Menschen in Ihrer Umgebung reagieren? Erstens, und das ist am wichtigsten, sie dürfen nicht als Mittel mißbraucht werden, um Menschen zu beurteilen und abzustempeln. Niemand kann den karmischen Lebenszweck eines anderen Menschen kennen. Der Krüppel, der unfähig ist, sich zu bewegen oder auf irgendeine Weise mit seiner Umgebung in Beziehung zu treten, und offenbar keinerlei Bewußtsein seines Selbst hat, kann sehr wohl eine hochentwickelte Seele sein, die einfach nur einer weiteren Lebenszeit bedurfte, um ihre mineralische Ebene zu stärken, bevor sie auf der Erde als großer Heiler und Lehrer wiedergeboren wird.

Diese Sicht der Evolution zeigt, daß kein Leben ohne Grund und Sinn ist, und es sollte uns daher lehren, jedem Mitgeschöpf mit Respekt und Verständnis statt mit Vorurteilen und Abschätzigkeit entgegenzutreten. Sie werden mit der Zeit nicht nur die verschiedenen Ebenen in sich selbst erkennen lernen und durchschauen, wie sie zusammenarbeiten, sondern schließlich auch fähig sein, das empfindliche Gleichgewicht der Menschen und Beziehungen in Ihrem Umfeld zu begreifen.

Außerdem werden Sie die Wahl darüber haben, auf welcher Ebene Sie zu anderen Menschen in Beziehung treten wollen, statt, wie es meist der Fall ist, einfach nur auf der niedrigsten gemeinsamen Stufe zu interagieren! Sie werden nach und nach bemerken, wann Ihre Mitmenschen auf einer bestimmten Ebene ihrer selbst feststecken, und indem Sie sich ihnen von einer anderen Ebene aus zuwenden, gelingt es Ihnen vielleicht, sie zu befreien. Möglicherweise sind Sie die Art Mensch, die all dies ohnehin bereits tut, ohne jedoch zu wissen, wie oder warum. Nun, jetzt ist der Zeitpunkt gekommen, um sich das, was Sie tun, bewußt zu machen.

Falls Ihnen all dies immer noch zu weit hergeholt erscheint, um darüber nachzudenken, dann wenden Sie sich dem nächsten Kapitel zu, und bitten Sie Ihr höheres Selbst, sobald Sie gelernt haben, eine bewußte Verbindung zu ihm herzustellen, Ihnen eine Vorstellung von der Evolution zu verschaffen, die Sie akzeptieren und mit der Sie arbeiten können. Mit anderen Worten, finden Sie Ihre eigene Wahrheit!

DRITTENS: Nichtalltägliche Wirklichkeit

Die Frau und ihre Töchter zündeten Kerzen an und stellten sie in die Fensternischen zu Häupten des Leichnams. Dann traten sie in ihr Schlafgemach und ließen Sheen zur Totenwache zurück. Sie saß am Feuer und ließ ein Reisigbündel nach dem anderen aufflammen. Sie hatte ihr Körbchen mit Sumpfflaum mitgebracht und begann auf dem Spinnrad der Nachbarin einen Faden zu spinnen.

Sie beendete den Faden und legte ihn sich um den Hals. Dann begann sie nach mehr Kerzen zu suchen, damit sie eine entzünden könnte, sowie eine andere ausginge. Aber kaum stand sie auf, da erloschen alle Kerzen auf einmal. Der Jagdhund zu Füßen des Bettes fuhr auf. Dann sah sie, wie der Leichnam sich von der Stelle, wo er gelegen hatte, steif aufrichtete.

Es war etwas in Sheen, das ihre Furcht überwand, und sie ging hin zu dem Leichnam und nahm das Salz, das auf seiner Brust lag, und legte es auf seine Lippen. Dann ertönte eine Stimme zwischen den Lippen. «Schöne Jungfrau», sprach die Stimme, «hast du den Mut, mir zu folgen? Die anderen versagten und wurden versehrt. Bist du treu?» «Ich will dir folgen», sprach Sheen. «Dann», sprach der Leichnam, «lege deine Hände auf meine Schultern und folge mir nach. Ich muß über den Schwankenden Sumpf und durch den

Brennenden Wald und über das Eisige Meer.» Sheen legte ihre Hände auf seine Schultern. Ein Sturm fuhr daher, und sie wurden durch das Dach des Hauses hinausgefegt. Sie wurden durch die Nacht getragen. Herab kamen sie auf die Erde, und der Tote riß sich von Sheen los. Sie folgte ihm nach und fand ihre Füße auf dem Schwankenden Sumpf. Der Leichnam des Jägerkönigs eilte voraus, und sie wußte, daß sie ihn immer im Auge behalten mußte. Er lief schnell. Der Grasboden wich unter ihren Füßen, und sie war in wäßrigem Schlamm. Sie kämpfte sich heraus und sprang über eine Pfütze, die unter Heidekraut verborgen war. Die ganze Zeit hatte sie Angst, daß die Gestalt, die so schnell vor ihr herlief, ihr verlorengehen würde. Sie sank und kämpfte und sprang über Pfützen und Moräste. Die ganze Zeit lief das Wesen, das der Leichnam des Jägerkönigs war, vor ihr her.

Dann sah sie Feuer am Himmel und wußte, daß sie nun zum Brennenden Wald kamen. Die Gestalt vor ihr sprang über einen Graben und lief in den Forst. Auch Sheen sprang hinüber. Brennende Äste fielen quer über ihren Pfad, wie sie dahineilte. Heiße Winde verbrannten ihr Antlitz. Flammen blendeten und Rauch betäubte sie. Aber die Gestalt vor ihr ging geradeaus weiter, und auch Sheen eilte geradeaus weiter.

Der Forst endete auf einer Klippe. Darunter war das Meer. Die Gestalt vor ihr tauchte hinab, und Sheen tauchte ebenfalls. Die Kälte benahm sie bis auf das Mark. Sie dachte, die Kälte würde ihr das Leben aus dem Leibe treiben. Aber sie sah den Kopf eines Schwimmenden vor sich, und sie schwamm weiter.

Und dann waren sie wieder auf trockenem Lande. «Schöne Jungfrau», sprach der Leichnam des Jägerkönigs, «lege wieder die Hände auf die Schultern.« Sie legte ihre Hände auf seine Schultern. Ein Sturm kam und fegte sie hinweg. Sie wurden durch das Dach des Hauses der Nachbarsfrau hineingetrieben. Die Kerzendochte flackerten, und es kam wieder Licht darauf. Sie sah den Jagdhund in der Mitte des Zimmers stehen. Sie sah den Leichnam sitzen, wo er gelegen hatte, und die Augen waren nun offen.

«Schöne Jungfrau», sprach die Stimme des Jägerkönigs, «du hast mich wieder ins Leben zurückgebracht. Ich stehe unter einer Verzauberung. Es lebt eine Hexe im Walde, der ich meine Liebe schenkte. Sie verzauberte mich so, daß die Seele außerhalb meines Körpers war und wegwanderte. Es war meine Seele, der du folgtest. Und die Verzauberung sollte gebrochen sein, wenn ich ein Herz fände, das so treu wäre, daß es meiner Seele über den Schwankenden Sumpf, durch den Brennenden Forst und über die Eisige See folgte. Du hast mir meine Seele und mein Leben wiedergeschenkt.» – Dann rannte sie aus dem Haus der Nachbarin.

Auszug aus *Der Königssohn von Irland* von Padraic Colum, eine Nacherzählung einer iberokeltischen Geschichte und außerdem ein klassisches Beispiel für schamanisches Reisen.

In den letzten beiden Kapiteln haben wir das Wesen des Menschen und den Zweck seines irdischen Daseins ergründet und vor allem, wer Sie und warum Sie hier sind. Ich habe mehrmals erwähnt, daß Schamanen über direkte Erfahrungen lernen. Sie haben die Übungen und Aufgaben, deren Sinn es ist, Ihr Bewußtsein zu erweitern, hoffentlich bereits durchgearbeitet. Nun ist es an der Zeit, den nächsten Schritt zu tun. Sie sollen lernen, wie Sie Ihr Bewußtsein mit Techniken, die man gemeinhin unter dem Begriff «schamanisches Reisen» zusammenfaßt, lenken und kontrollieren können. Ich muß betonen, daß Sie hier eine Methode erlernen, die Ihnen (im allgemeinen, aber keineswegs immer, durch traumähnliche

Bildersprache) lediglich das bewußt macht, was bereits existiert. Es ist nicht das Ziel, solche Bilder absichtlich zu erzeugen, sondern es geht einzig darum, bereits vorhandene zu erleben. Somit unterscheidet sich die zu erlernende Technik entscheidend von der Imaginationsarbeit, in der Bilder vorgestellt oder geschaffen werden.

Schamanisches Reisen ist eine bewußt herbeigeführte, strukturierte und kontrollierte Erforschung der nichtalltäglichen Wirklichkeit. Um zu verstehen, was die nichtalltägliche Wirklichkeit ist, müssen wir uns zunächst mit der Frage beschäftigen, was wir unter dem Begriff «normale» Wirklichkeit verstehen. Die übliche Antwort darauf lautet im allgemeinen, daß alles, was mit den fünf Sinnen des Sehens, Hörens, Schmeckens, Riechens und Tastens wahrgenommen wird, als normale Realität angesehen werden kann. Den meisten Menschen wird jedoch sofort klar sein, daß es abhängig davon, wie der einzelne diese Sinne erlebt, viele unterschiedliche Abstufungen der Sinneswahrnehmung gibt und daß, was dem einen gewöhnlich erscheint, dem anderen vollkommen ungewöhnlich vorkommen kann! Beispielsweise wären für eine Person, die ein Leben lang blind war, Farben dem Reich der nichtalltäglichen Wirklichkeit zuzuordnen. Genauso wird für Menschen, die ihr Leben in einer Stammesgesellschaft, in einer engen Beziehung zur Erde und daher im Bewußtsein geistiger Realitäten zugebracht haben, die gewöhnliche Wirklichkeit vieles enthalten, was für moderne, heutige Menschen durchaus dem Nichtalltäglichen zuzurechnen ist. Sowohl die nordamerikanischen Indianer als auch die australischen Aborigines waren überrascht und entsetzt darüber, daß die Eroberer ihrer Territorien einfach nicht zu erkennen vermochten, was ihre heiligen Plätze und Orte zu etwas Besonderem machte.

In der Vergangenheit war es für gewöhnlich weithin anerkannt, daß manche Menschen eine sehr viel weiter gefaßte Vorstellung der Wirklichkeit hatten als andere. Erst seit relativ kurzer Zeit ist der Begriff der Realität standardisiert und definiert. So lautet die Definition des *Oxford English Dictionary* für das Wort «Wirklichkeit»:

«Eigenschaft des Realseins, Ähnlichkeit mit dem Original; tatsächliche Existenz, was wirklich ist, was Erscheinungen zugrunde liegt.» Dies deutet an, daß unsere moderne Sicht, nach der nur das Gültigkeit hat, was wir direkt wahrnehmen, vollkommen falsch ist. Was wir als real ansehen, ist in Wahrheit «dem Original nur ähnlich». Was aber ist das Original? Wirklichkeit ist tatsächlich das, was «Erscheinungen zugrunde liegt», und diese Auffassung gibt uns auch die Möglichkeit, das zu definieren, was landläufig als nichtalltägliche Wirklichkeit bezeichnet wird. In der alltäglichen Wirklichkeit sind wir physische Wesen, die ihrem originalen oder wirklichen Selbst ähneln. In der nichtalltäglichen Wirklichkeit sind wir, wie wir bereits gesehen haben, Wesen mit vielen unterschiedlichen Ebenen. Die uns umgebende Welt, die als normal oder alltäglich wahrnehmbar betrachtet wird, ist gleichfalls nur eine Welt der Erscheinungen, und um die Realität hinter dem Schein erkennen zu können, müssen wir lernen, mit den Reichen der (nichtalltäglichen) Wirklichkeit zu arbeiten.

Die Folge dieser beiden unterschiedlichen Vorstellungen von Realität waren viele Mißverständnisse bezüglich des religiösen und spirituellen Lebens derer, die wir als primitive Völker bezeichnen. Für viele unserer Vorfahren, die vor langer Zeit gelebt haben, und zahlreiche kürzlich erforschte «primitive» Völker bedeutet Wirklichkeit die höhere Wahrheit, die hinter der physischen Erscheinung verborgen ist. Für die modernen Historiker und Anthropologen, die sie studierten, war dies unfaßbar, da für sie Realität das bezeichnete, was man direkt mit seinen fünf Sinnen – von denen die meisten nebenbei bemerkt im Kopf anzutreffen und fest mit der für die vierte Ebene typischen Sichtweise der Dinge verbunden sind – wahrnehmen kann. Alles, was darüber hinausging, empfanden sie als kindische Fantasterei. Selbst unsere moderne Wissenschaft ist mit ihren Einsichten über die Realität fest in der Ebene der Erscheinungen verwurzelt. Kann es weder gesehen und berührt, noch quantifiziert und gemessen werden, dann wird es im besten Fall als Theorie – der wissenschaftliche Begriff für Einbildung –

anerkannt und im schlechtesten vollkommen zurückgewiesen, wie dies auf einen so großen Teil unseres spirituellen Erbes zutrifft.

Ihnen wird nun klar sein, daß die Übungen im ersten und zweiten Kapitel Ihnen dabei helfen sollten, die nichtalltägliche Realität zu erforschen. Wenn Sie bisher mit Ihren Fortschritten zufrieden sind, dann ist es jetzt an der Zeit, ein direkteres Erleben der nichtalltäglichen Wirklichkeit auszuprobieren. Waren Sie bisher noch nicht so erfolgreich, wie Sie erhofft hatten, dann gefällt Ihnen eine direktere Herangehensweise vielleicht besser. Überstürzen Sie nichts. Lesen Sie sich dieses Kapitel mehrmals durch, bevor Sie irgend etwas ausprobieren, und seien Sie sich sicher, daß Sie genau verstehen, was Sie tun. Die Methode schamanischen Reisens, die ich beschreiben werde, birgt keinerlei Gefahren. Wie wir bereits gesehen haben, existieren wir in der normalen Wirklichkeit – der Welt des Scheins – und in der nichtalltäglichen Wirklichkeit – wir sind tatsächlich weit mehr, als wir zu sein scheinen. Indem wir also unser Bewußtsein auf die nichtalltägliche Wirklichkeit richten, erleben wir lediglich einen Teil unseres Selbst direkt, der bereits vorhanden ist und uns normalerweise jedoch nicht bewußt ist.

Obwohl die Menschen sich in früheren Zeiten der nichtalltäglichen Wirklichkeit weit bewußter waren, als es heute der Fall ist, haben sie es dennoch den Schamanen überlassen, in dieser Dimension zu funktionieren. In manchen Gesellschaften wurden entsprechende Fähigkeiten mehr oder weniger sich selbst überlassen, und ein Schamane wählte den Aufstrebendsten und Vielversprechendsten des Dorfes zu seinem Nachfolger, weihte ihn vielleicht in ein paar geheime Techniken ein, aber versuchte ansonsten nicht, die natürliche Gabe des Schülers unter Kontrolle zu bringen oder zu manipulieren. In anderen Gesellschaften jedoch empfand man die schamanische Ausbildung als verkäufliche Ware und entwickelte Methoden, um selbst dem ungeeignetsten Schüler dabei zu helfen, die Wirklichkeit auf eine nichtalltägliche Weise zu erleben. In manchen Fällen, nachdem die Wahrnehmung durch die Einnahme von Drogen erweitert worden war, lernte der Schüler sein Bewußtsein zu kontrollieren und wurde schließlich ein mächtiger Schamane. Jedoch weit häufiger wurde der Schüler, der auf diese künstliche Methode der Bewußtseinserweiterung zurückgreifen mußte, hoffnungslos von der Pflanze oder den Pflanzen, die er für den Zweck genommen hatte, abhängig und büßte in der Folge seine persönliche Kraft und Integrität ein.

Die Techniken schamanischen Reisens, also die Fähigkeit, willentlich und bewußt in der nichtalltäglichen Wirklichkeit zu funktionieren, sind überall auf der Welt bemerkenswert ähnlich. Um in die Untere Welt zu gelangen, also auf die Ebenen unterhalb der vierten, mentalen Ebene, wo unser Bewußtsein normalerweise seinen Wohnsitz hat, steigen Eskimo-Schamanen durch ein Loch im Eis in die nichtalltägliche Wirklichkeit ab, während Aborigines den Zugang durch eine Höhle und nordeuropäische Schamanen durch die Wurzeln eines Baumes finden. Eine vergleichende Studie über die schamanischen Techniken der Welt zu liefern geht über die Zielsetzung des Buches hinaus. Sollten Sie sich jedoch mit diesem Thema weiter befassen wollen, dann empfehle ich Ihnen das Werk von Roger N. Walsh, *Der Geist des Schamanismus*, das sehr verständlich geschrieben und zugleich eine gründliche Untersuchung vergleichenden Schamanismus ist.

Wie bereits erwähnt, ist die beste Methode für eine schamanische Ausbildung eine praktische Herangehensweise. Keine noch so große Menge an Informationen ist ein Ersatz für die direkte Erfahrung. Mit der Zielsetzung, uns selbst auf die schamanische Reise zu begeben, lassen Sie uns nun die Werkzeuge untersuchen, welche der Schamane traditionell für diesen Zweck verwendet, und ihre Relevanz und praktische Anwendung für den modern arbeitenden Schamanen überprüfen.

Das Werkzeug des Schamanen

Wie bereits im ersten Kapitel erwähnt, ist es ratsam, vor jeglicher Schamanenreise sich selbst und die Umgebung, in der man arbeitet, von jeglicher Negativität zu reinigen, die sich dort im Laufe des alltäglichen Lebens angesammelt haben mag. Dies geschieht traditionell durch das Verbrennen einer aus Kräutern bestehenden Räuchermischung, deren Rauch reinigend wirkt. Die nordamerikanischen Indianer verwendeten wilden Salbei, während in der nordeuropäischen Tradition auf Rosmarin und in der christlichen wie östlichen auf Weihrauch zurückgegriffen wurde. Nichts davon wird Wirkung zeigen, wenn die direkte Absicht des Schamanen fehlt. Also ist das erste und hauptsächliche Werkzeug des Schamanen er selbst. Kein Werkzeug, das Sie zum Einsatz bringen, kann mehr Macht haben, als jene, die Sie selbst auf es übertragen. Ihr Selbstschutz und der Kanal, durch den diese Macht zu fließen vermag, ist Ihr Wille beziehungsweise Ihre Absicht. Versuchen Sie sich niemals an schamanischer Arbeit, wenn Sie wütend, ärgerlich oder sich Ihrer Absichten nicht klar sind. Nutzen Sie Ihre Zeit und Energie, um Übereinstimmung und Gleichgewicht mit sich selbst herzustellen. Übereilen Sie nichts. Nur Sie allein können wissen, ob Ihre Absicht aufrichtig und rein ist. Ich habe es bereits gesagt, dies ist Ihr wichtigstes und mächtigstes Mittel und das einzige Werkzeug, welches vollkommen unverzichtbar ist. Seien Sie sich seiner absolut sicher, bevor Sie weitermachen.

Wählen Sie die Art Räucherwerk, die Ihnen am meisten zusagt. Kaufen Sie es entweder in einer fertigen Zusammenstellung oder, was besser ist, da es wahrscheinlich stärker und harmonischer bei Ihnen wirken wird, versuchen Sie, selbst eine eigene Mischung zusammenzustellen. Gewöhnlicher Gartensalbei, wie er in den meisten Supermärkten vorrätig ist, hat ähnliche Eigenschaften wie sein wildes amerikanisches Gegenstück. Getrockneter Rosmarin ist gleichfalls erhältlich. Weihrauch ist ein wenig schwerer zu beschaffen und teuer. Getrockneter Lavendel, Zeder und Mariengras sollen ebenfalls unterstützend wirken, um positive Energien anzuziehen. Eine kleine Menge solcher getrockneten Kräuter kann in einem geeigneten Gefäß angezündet und zum Schwelen gebracht werden. Sollte sich dies als schwierig erweisen, dann gibt es spezielle Holzkohle zum Verbrennen von Räucherwerk, auf die Sie zurückgreifen können. Erproben Sie verschiedene Kräutermischungen, bis Sie diejenige finden, mit der Sie am besten zurechtkommen.

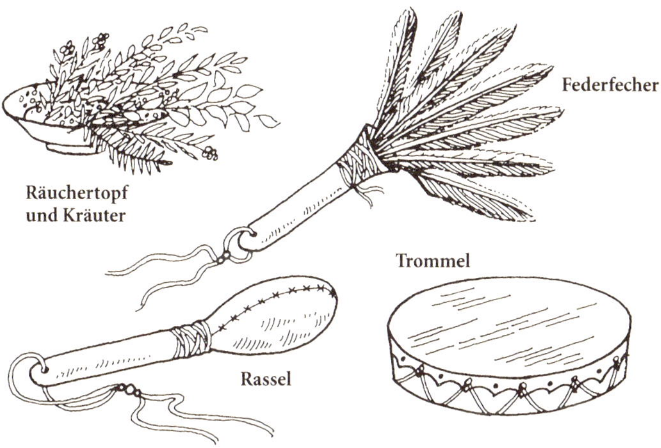

Die meisten Schamanen verwenden einen Fächer oder eine Feder, um den Rauch dorthin zu dirigieren, wo sie ihn haben wollen. Dabei handelt es sich um ein weiteres Werkzeug, das Sie leicht selbst herstellen können. Ein Spaziergang über Land im Spätsommer sollte Sie mit einer guten Auswahl an Federn versorgen, die Sie selbst zu einem schönen und funktionalen Hilfsmittel zusammenbinden können. Es bedarf wohl keiner Erwähnung, daß tierische Produkte, die mittels ausbeuterischen und das Leiden von Tieren einschließenden Methoden gewonnen wurden, nicht verwendet werden sollten.

Die beiden Werkzeuge, die am stärksten mit der Schamanenreise in Verbindung gebracht werden, sind Rassel und Trommel. Viele moderne Schamanen verzichten jedoch bis zu einem gewissen Grad darauf und bedienen sich statt dessen einer Trommelkassette, was sicherlich einem guten Verhältnis zu den Nachbarn entgegenkommt. Sowohl die Trommel und vor allem die Rassel haben weit mehr Verwendungszwecke als jene, die ich hier beschreibe. Wir werden uns hier lediglich mit ihrem Gebrauch im Zusammenhang mit den Techniken des schamanischen Reisens befassen.

Die Trommel wird manchmal als das Pferd des Schamanen bezeichnet. Es ist der Beat oder die Vibration der Trommel, dessen oder derer sich das Bewußtsein des Schamanen bewußt bedient, um sich selbst von einer Wirklichkeit in eine andere tragen zu lassen. Dies läßt sich vielleicht besser anhand der verschiedenen Energiekörper erklären, die wir, wie wir gesehen haben, alle besitzen. Alle Energie fließt. Sie hat ihre eigene besondere Vibration oder einen für sie typischen Rhythmus. Der Rhythmus Ihres Herzschlags, der in enger Verbindung zu dem Ihres Atems steht, ist das Vibrationsmuster Ihres physischen Energiekörpers. Ihr emotionaler Energiekörper hat einen etwas schnelleren Rhythmus, und Ihr mentaler Energiekörper vibriert sogar noch rascher. Sich jedoch aller Ebenen des Seins in der normalen wie der nichtalltäglichen Wirklichkeit bewußt zu sein, ist eine Funktion der Seele. Daher ist es die Seelenebene, auf die wir uns einschwingen müssen, wenn wir uns auf eine schamanische Reise begeben wollen, und eine der besten Methoden ist es, sich dazu eines Trommelrhythmus zu bedienen, der die richtige Vibrationsfrequenz aufweist.

Da wir uns auf der Schwelle zur fünften Welt befinden, ist es offensichtlich, warum uns schamanisches Reisen – eine Funktion der fünften, der Seelenebene – heute so leichtfällt. Für unsere Vorfahren, die sich an einem anderen Punkt der Menschheitsentwicklung befanden, verhielt sich dies vollkommen anders. Die Schamanen jener Zeit mußten sich monatelang oder manchmal sogar jahrelang vorbereiten, bevor sie sich ausreichend auf das Vibrationsmuster ihrer Seele einstimmen konnten, um wirkungsvoll in der nichtalltäglichen Realität agieren zu können.

Hier bietet sich eine gute Gelegenheit, um darauf hinzuweisen, welche unterschiedlichen Wirkungen man mit Musik erzielen kann. Es wäre zu kompliziert, um an dieser Stelle auch auf Tonhöhe und Harmonie einzugehen, doch schon mit diesen neuen, den Rhythmus betreffenden Kenntnissen wird klar, warum so viele junge Leute sich wie «weggetreten» fühlen, nachdem sie laute Musik mit einem schnellen Beat gehört haben, und warum sie geradezu süchtig danach sind. Musik kann ein sehr machtvolles Hilfsmittel sein, um die verschiedenen Ebenen unseres Seins auszurichten und zu harmonisieren. Zum Beispiel kann langsame Musik sehr zentrierend, erdend und entspannend wirken. Doch auf unverantwortliche Weise und ohne klares Wissen dessen, was man tut, zum Einsatz gebracht, kann sie auch störend und sogar schädlich wirken. Hüten Sie sich vor den Leuten, die genau wissen, was sie tun, und ihr Wissen dazu benutzen wollen, um Sie zu manipulieren und zu kontrollieren.

Kaufen Sie sich eine Rassel, oder stellen Sie sie selbst her; ein relativ leichter und leicht zu haltender Gegenstand wie ein getrockneter Flaschenkürbis ist ideal. Versuchen Sie die Rassel mit dem Ziel einzusetzen, die Vibrationsmuster Ihrer einzelnen Energiekörper zu ergründen. Halten Sie die Rassel locker in der Hand, die sich für Sie richtig anfühlt. Gestatten Sie ihr, sich nahezu frei zu bewegen. Sie erweitert und verstärkt lediglich Ihr eigenes Einfühlungsvermögen und hat keine Kraft außer der, die Sie auf sie übertragen. Seien Sie klar in der Absicht, sich nacheinander auf jeden einzelnen Energiekörper einzustimmen. Sie werden feststellen, daß Energien pulsieren, aber auch ein spiralförmiges Muster aufweisen können. Bei zunehmender Erfahrung mit der Rassel werden Sie bemerken, daß diese, in Übereinstimmung mit Ihrer Absicht, fast automatisch die verschiedenen Wellenmuster aufgreift und mit ihnen mitgeht.

Bringen Sie die Rassel bei Ihren Freunden zum Einsatz. Außer daß dies für Sie eine gute Übung ist, wird es darüber hinaus für Ihre Freunde ein höchst angenehmes Erlebnis sein. Mit wachsender Erfahrung entdecken Sie vielleicht bei Ihren eigenen Energiekörpern oder bei denen Ihrer Freunde Bereiche, denen es an Harmonie fehlt. Setzen Sie die Rassel mit der klaren Absicht ein, die Harmonie wiederherzustellen, bis alle Spuren von Disharmonie verschwunden sind. Möglicherweise werden Sie nie genau erfahren, was Sie wieder ins Gleichgewicht gebracht haben, aber ich versichere Ihnen, daß die Auswirkungen auf die eine oder andere Art spürbar werden.

Schamanisches Reisen

Schamanisches Reisen ist der Name, welcher einer Methode gegeben wurde, mit deren Hilfe ein Schamane die nichtalltägliche Wirklichkeit erleben und sich in ihr bewegen kann. Ich stelle hier zwei verschiedene Arten des schamanischen Reisens vor. Die erste bedient sich einer Kassette mit Trommelrhythmen. Sie können eine solche Kassette entweder selbst fertigen, indem Sie Ihr Trommeln, wie ich es in der zweiten Methode beschreiben werde, aufnehmen, oder aber indem Sie sich eine entsprechende Kassette kaufen. Sofern Sie nicht einen Freund haben, der Ihnen mit dem Trommeln hilft, ist die erste Methode für einen Anfänger vermutlich am besten, da Sie sich ungestört vollkommen entspannen können.

ERSTE METHODE

Ziehen Sie sich an einen Ort zurück, an dem Sie es warm und bequem haben. Tun Sie dies zu einer Zeit, zu der Sie vor Störungen sicher sind. Sie benötigen genug Platz, um sich hinlegen zu können.

Reinigen Sie sich selbst und den Bereich, wo Sie arbeiten wollen, mit einer Räucherung. Dann setzen Sie sich bequem nieder und atmen rhythmisch, bis Sie sich vollständig entspannt haben und in Harmonie mit sich selbst und Ihrer Umgebung sind.

Wenn Sie sich im Gebrauch der Rassel sicher genug fühlen, dann wäre jetzt der richtige Augenblick, um sie zu schütteln, sich mit der *Absicht der Harmonisierung* in ihren Klang zu hüllen.

Sobald Sie sich bereit dazu fühlen, legen Sie sich nieder und bedecken Ihre Augen mit einem Tuch oder einer Augenbinde, damit kein Licht zu ihnen vordringen kann. Merken Sie sich jedoch, wo der Schalter ist, um Ihre Trommelkassette in Gang zu setzen. Sollten Sie sich Sorgen machen, ob Sie vielleicht Ihre Familie oder Ihre Nachbarn stören, dann wäre es sinnvoll, Kopfhörer zu tragen. Setzen Sie sie jetzt auf. Wenn Sie auch nur im geringsten frieren, dann bedecken Sie sich mit einer Decke, damit Ihr Körper es absolut bequem hat, sich entspannt und dabei Ihr Bewußtsein freigibt.

Stellen Sie sich vor, daß Sie sich an einem sicheren Ort in der Natur befinden, wo Sie sich glücklich und geborgen fühlen. Es kann sich entweder um einen Platz handeln, den Sie gut kennen, den Sie nur schwach erinnern oder der ganz und gar Ihrer Fantasie entstammt. An diesem Ort muß entweder ein Wasserbecken, ein Brunnen, der Eingang zu einer Höhle, ein Kaninchenbau oder ein hohler Baum sein – also irgendeine Öffnung, die nach unten führt. Sollte es an dem Platz Ihrer Wahl nichts Entsprechendes geben, dann erschaffen Sie es. Sobald das Trommeln beginnt, werden Sie durch diesen Eingang, den Sie sich mit der Absicht vorgestellt haben, *eine schamanische Reise in die Untere Welt zu unternehmen und sie anzusehen*, in die Erde eindringen.

«Untere Welt» ist der Begriff, der traditionell von Schamanen überall auf der Welt verwendet wird, um das zu bezeichnen, was die nordamerikanischen Indianer «die dritte Welt» nannten und sich direkt unterhalb der vierten Welt des Verstandesbewußtseins befindet, in der wir normalerweise leben. Eigentlich werden Sie sich in der nichtalltäglichen Wirklichkeit Ihrer dritten Ebene, jener Ihres inneren Kindes oder Tier-Selbst, bewegen. Im Augenblick interessiert uns vor allem Ihre Befähigung dazu, dies zu tun, und weniger, was Sie tun, sobald Sie dort sind. Sobald Sie also in der dritten Welt angelangt sind, blicken Sie sich um und kehren dann zurück.

An dieser Stelle muß noch einmal erwähnt werden, daß schamanisches Reisen sich grundlegend von Visualisationstechniken unterscheidet, die Ihnen möglicherweise vertraut sind. Visualisation ist eine Funktion der vierten, der Verstandesebene unseres Selbst, während schamanisches Reisen, wie wir bereits gesehen haben, der fünften Ebene zuzuordnen ist. Der schamanische Reisende, nachdem er den Tunnel oder was immer er gewählt hat, um den Energiestrudel zwischen einer Seinsebene und der nächsten zu symbolisieren, betreten hat, *erlebt*, was dort geschieht, statt es sich nur vorzustellen oder zu visualisieren. Daher ist es denkbar, daß Sie lediglich das Gefühl haben, sich nach unten zu bewegen, statt dies vor Ihrem inneren Auge zu sehen. Vielleicht wissen Sie, was geschieht, ohne es vor sich wie auf einem Fernsehbildschirm zu sehen. Ihre fünf Sinne sind hier nicht in Betrieb, da Sie über sie hinausgegangen sind. Um jedoch das zu begreifen, was Sie bei Ihrer schamanischen Reise erlebt haben, müssen Sie es, wenigstens für den Anfang, auf der Basis der Sinne interpretieren, mit denen Sie vertraut sind. Wenn Sie also danach sagen, daß Sie etwas «gesehen» haben, dann kann dies nicht zutreffen, da Ihre Augen geschlossen waren! Sie haben etwas erlebt, doch der einzige Weg, diese Erfahrung zu beschreiben, liegt in der Begrifflichkeit der vierten Welt, als ob Sie es gesehen hätten.

Haben Sie vollständig verstanden, was Sie vorhaben, fühlen Sie sich zuversichtlich und sind froh darüber, so stellen Sie jetzt Ihre Trommelkassette an.

Sollten Sie sich jedoch unsicher sein, verwirrt oder besorgt fühlen, dann lesen Sie sich diesen Abschnitt erneut durch und lassen sich Zeit, um über alles nachzudenken. Ich beschreibe in diesem Buch keine Techniken, die dazu führen, daß Sie Ihr eigenes Energiesystem verlassen. Sie erleben sich lediglich auf eine neue, ungewohnte Weise. Alles, dem Sie auf Ihrer Reise begegnen, ist bereits in Ihnen vorhanden. Falls Sie das nicht mögen, was Sie antreffen, oder meinen, daß es sich Ihnen gegenüber auf irgendeine Weise feindselig oder bedrohlich verhält, dann fordern Sie es einfach auf zu verschwinden. Sie haben das Sagen; schleichen Sie nicht umher wie ein Dieb im Dunkeln, Sie sind der Herr oder die Herrin in Ihrem eigenen Haus. Sie haben ein Recht darauf, dort zu sein, und außerdem das sehr wichtige Bedürfnis, sich selbst in dieser erweiterten Form zu erleben.

Sollten Sie sich dennoch unsicher fühlen, aber trotzdem eine schamanische Reise unternehmen wollen, dann könnten Sie entweder mit einem Freund zusammenarbeiten, der bereits gelernt hat, solche Reisen erfolgreich zu unternehmen, oder aber Sie suchen sich einen erfahrenen Lehrer. Ich muß Sie jedoch davor warnen, daß ein Großteil dessen, was heutzutage als schamanisches Reisen verkauft wird, in Wahrheit nur eine Form der Visualisation ist, und obgleich ich nichts gegen Visualisationen als solche einzuwenden habe, ist es dennoch eine Tatsache, daß diese allein auf Ihrer vierten, der Verstandesebene stattfinden und Sie an keinen Ort, der darüber hinausgeht, führen können, da die Visualisation eben eine Verstandesfunktion ist. Falls irgend jemand Ihnen erklären will, was Sie in Ihrem Tunnel oder in der Unteren Welt erleben, dann ist diese Person entweder in Ihren persönlichen Raum eingedrungen, was kein integrer Mensch ohne Ihre Erlaubnis tun würde, oder aber, und das ist wahrscheinlicher, er weiß einfach nicht, was schamanisches Reisen wirklich ist.

Ist für Sie der Zeitpunkt für die Rückkehr gekommen, dann reagieren Sie entweder auf das Rückkehrsignal Ihrer Kassette oder, wenn Sie schon vorher soweit sind, folgen Sie dem Weg, den Sie durch Ihren Tunnel gekommen sind, zurück zu Ihrem besonderen Platz. Die meisten Menschen finden den Rückweg schneller, und er fällt ihnen leichter als der Einstieg. Nehmen Sie sich Zeit, um Ihre Atmung langsam zu vertiefen und Ihre Augen an das Licht zu gewöhnen, bevor Sie sich wieder aufsetzen. Machen Sie sich sofort, noch bevor Sie irgend etwas vergessen können, Notizen über Ihre Erfahrungen. Sollte Ihnen dies schwerfallen oder Ihre Reisen mit der Zeit so reich an Details werden, daß Sie sich nicht mehr alles merken können, dann haben Sie die Möglichkeit, Ihre Erlebnisse, während Sie sich ereignen, laut zu beschreiben und sie entweder durch einen Freund mitschreiben oder durch einen Kassettenrecorder aufzeichnen zu lassen.

Machen Sie sich keine Sorgen, wenn Sie nicht gleich beim ersten Versuch erfolgreich sein sollten. Sie sind dabei, sich eine neue Fähigkeit anzueignen, und viele Menschen berichten, daß mehrere Versuche erforderlich sind, um durch den Tunnel hindurch in die Untere Welt zu gelangen. Meist geht es einfach nur darum zu lernen, auf das zu vertrauen, was Sie erlebt haben, und es als authentisch zu akzeptieren. Der Zweifel an sich selbst ist häufig ein anfängliches Problem – jedenfalls war es das für mich bestimmt! Halten Sie durch, und schon bald werden Ihre Erlebnisse zu stark sein, als daß Sie sie leugnen könnten.

ZWEITE METHODE

Dies ist die Methode des schamanischen Reisens, die ich wann immer möglich vorziehe. Es ist nicht jene, die ich selbst als erste gelernt habe, und ich kann sie einem Anfänger eigentlich nicht empfehlen, es sei denn, er hat irgendeinen Grund, es nicht mit der ersten Methode probieren zu wollen, oder aber er hat sie ohne Erfolg versucht und meint, daß er mit der zweiten Methode besser zurechtkommen könnte. Sie benötigen eine Rassel und eine Trommel. Ich schlage Ihnen vor, daß Sie sich genug Zeit nehmen, um sich an diese beiden Hilfsmittel zu gewöhnen, damit Sie sich damit gut und vertraut fühlen. Sie brauchen außerdem einen Freund, der für Sie trommelt, es sei denn, Sie sind erfahren genug, um die Reise anzutreten, während Sie selbst trommeln.

Bereiten Sie sich wie in der ersten Methode durch Räucherung und Entspannung vor. Sobald Sie bereit sind, nehmen Sie die Rassel in die Hand und stehen auf. Sie werden sie dazu verwenden, um sich auf die Vibrationsfrequenz Ihres seelischen Energiekörpers einzustimmen. Wenn diese Absicht Ihnen klar vor Augen steht, dann fangen Sie an, die Rassel so zu schütteln, wie sie es will. Gehen Sie frei im Raum umher oder tanzen Sie, je nachdem, wie Sie es für richtig halten. Gestatten Sie der Rassel, sich wie sie will hinauf und hinunter, hin und her zu bewegen. Es gibt keinen Grund zur Eile, nehmen Sie sich so viel Zeit, wie Sie benötigen. Sie werden es spüren, sobald Sie den richtigen Rhythmus gefunden haben. 200 bis 220 Schläge pro Minute mögen Ihnen als Richtwert dienen, obwohl es sich bei jedem Menschen anders verhält. Sobald Sie mit der Rassel Ihren richtigen Rhythmus gefunden haben, kann der Trommler ihn übernehmen. Fühlen Sie sich dazu bereit, dann legen Sie sich hin, bedecken die Augen und beginnen Ihre Reise auf die in der ersten Methode beschriebene Weise. Ihre *Absicht* wird es sein, eine schamanische Reise in die Untere Welt, die Sie kennenlernen wollen, zu unternehmen.

Sollten Sie keinen Trommler haben, dann setzen Sie sich bequem nieder, sobald Sie Ihren Rhythmus gefunden haben, vertauschen die Rassel mit der Trommel und nehmen den gleichen Rhythmus nun mit der Trommel auf. Sie sollten entweder in einem abgedunkelten Raum sitzen oder aber eine Augenbinde tragen. Sitzen Sie so bequem und entspannt wie möglich, geraten Sie jedoch mit Ihrem Trommeln nicht ins Zögern. Prägen

Sie sich Ihre Absicht fest ein, und beginnen Sie mit der Reise, wie ich es oben beschrieben habe.

Fahren Sie fort wie in der ersten Methode.

Weitere schamanische Reisen

In die Untere Welt

Nachdem Sie die Untere Welt erfolgreich erreicht und kennengelernt haben, könnte Ihre *Absicht* für einen angemessenen zweiten Besuch lauten: «In die Untere Welt reisen und einen Gegenstand von dort mit zurückbringen, der mir etwas bedeutet.» Bedienen Sie sich für Ihre Reise der Methode, die Ihnen am meisten zusagt. Sie werden erkennen, was Sie mit zurückbringen sollen, sobald Sie es sehen. Möglicherweise wird es Ihnen überreicht, oder aber Sie müssen danach suchen. Was immer es ist, wenn Sie es gefunden haben, halten Sie es fest und kehren auf dem Weg, den Sie gekommen sind, zurück. Sobald Sie sich wieder in der normalen Wirklichkeit aufhalten, werden Sie natürlich feststellen, daß Sie den Gegenstand, den Sie in Händen hielten, nicht mehr haben. Oder vielleicht doch? Möglicherweise ist Ihnen das rein physische Erscheinungsbild des Objekts nicht gegenwärtig, doch die «ursprüngliche», energetische Form wird es sein. Ich schlage vor, Sie finden eine physische Form, in der Sie es unterbringen können, selbst wenn es nur in der Form einer groben Skizze geschieht. Nach aller Wahrscheinlichkeit werden Sie nicht allzulange suchen müssen. Viele haben festgestellt, daß das Objekt, welches sie mitgebracht hatten, im Verlauf der nächsten Tage nach der Reise durch die «merkwürdigsten Zufälle» in einer eigenen physischen Form zu ihnen zurückgekehrt ist. Andere jedoch mußten einige Anstrengung für die Suche aufbringen, was an sich schon eine Lehre sein kann.

Wenn Sie Ihr Objekt erst einmal haben, was können Sie dann davon lernen? Der erste Gegenstand, den ich von einer schamanischen Reise mit zurückbrachte, war ein Vogelnest. Zwei Tage später kam die physische Form meines Nestes unter Umständen zu mir, die jenen so ähnlich waren, unter denen ich es während meiner Reise erhalten hatte, daß ich es nicht mißverstehen konnte. Die nächsten paar Tage dachte ich darüber nach, was ein Vogelnest für mich bedeutete und was ich daraus lernen könnte. Ich kam zu dem Schluß, daß ich es als Ort des Nährens und des Schutzes betrachten mußte; ein sicherer Platz, an dem Wachstum erfolgen konnte; ein Ausgangspunkt, von dem aus man fortfliegen kann, wenn der richtige Zeitpunkt gekommen ist. Als, etwa zur gleichen Zeit, ein Raum für mich frei wurde, den ich meiner schamanischen Arbeit widmen konnte, begriff ich, daß dieser mein Nest sein würde – ein Ort, an den ich mich von den Anforderungen des Alltags zurückziehen, an dem ich meine Macht ausbrüten und selbst zu einer Reife wachsen konnte, die vorzustellen mir damals unmöglich gewesen wäre.

Eine meiner Schülerinnen brachte von dieser ihrer zweiten schamanischen Reise einmal eine steinerne Blume mit zurück. Sie war ein wenig bestürzt, weil sie meinte, daß eine Blume doch etwas Lebendiges, Wachsendes sein müsse und keine Versteinerung sein dürfe. Dennoch erschuf sie eine Blume aus Ton, in der sie die Energieform ihrer Blume unterbrachte. Über die nächsten paar Monate konnte ich bei ihren schamanischen Reisen und in ihrem Alltag miterleben, wie sie damit rang, einen Teil ihrer selbst wieder ins Leben zurückzuholen, der immer geleugnet und wirkungsvoll in Stein verwandelt worden war. Es ist merkwürdig, daß zu dem Zeitpunkt, da sie und ich begriffen, daß sie sich erfolgreich bemüht hatte und es ihr gelungen war, nachdem sie ihr Krafttier gefunden hatte, sich mit dem Kraftpotential zu verbinden, das sie auf dieser Ebene besaß, daß gerade dann ihr kleiner Sohn ihre Tonblume gefunden und aus Versehen fallengelassen hatte.

Krafttiere

Ich schlage vor, daß Ihre dritte schamanische Reise in die Untere Welt mit der *Absicht* verbunden sein sollte, dort ein Krafttier zu erhalten.

Wie dies bereits im ersten Kapitel dargestellt wurde, ist Ihre dritte Ebene Ihr Tier-Selbst, und so, wie Sie bereits das Mineral und die Pflanze gefunden haben, die die stärkste Resonanz mit Ihrem mineralischen und Ihrem pflanzlichen Selbst haben, so sollten Sie jetzt, um sich selbst besser kennenzulernen und effektiver arbeiten zu können, nach der Form suchen, die Ihr tierisches Selbst am stärksten zum Ausdruck bringt. Traditionell wird das Tierselbst als Krafttier bezeichnet, da Ihre persönliche Macht oder Kraft von dieser dritten Ebene herrührt. Ihr Krafttier kann Sie vieles über Ihre eigene, einzigartige Kraft lehren und darüber, wie Sie sie am besten zum Einsatz bringen können. Es vermag Ihr Leben vollkommen zu verändern, wenn Sie bewußt nach Ihrer persönlichen Kraft suchen und sie gezielt in Ihr tägliches Leben einbringen. Anfangs versuchen Sie möglicherweise, nur ein Krafttier zu finden, doch es ist gut möglich, daß Sie mehr als eines besitzen. Es ist denkbar, daß Sie für eine gewisse Zeit mit einem Krafttier arbeiten, welches dann, wenn Sie ausreichend weit fortgeschritten sind, durch ein Kraftpotential ersetzt wird, das Sie bisher in Ihrem Leben nicht hervorzubringen vermochten. Oft werden weitere Krafttiere entdeckt, indem Sie Ihre schamanische Begabung weiterentwickeln, doch Ihr Haupttier wird Ihnen immer am nächsten stehen.

Machen Sie sich klar, daß Ihr Krafttier in Ihnen, wenigstens potentiell, bereits existiert. Sie suchen nicht außerhalb von sich, noch rufen Sie zu sich den «Geist» irgendeines Tieres, ob lebendig oder tot. Bei der Entdeckung Ihres Krafttiers kann es gut möglich sein, daß Sie eine tiefe Zuneigung bei sich für diese Spezies feststellen. Sie werden sich sehr intensiv mit ihr beschäftigen müssen, um etwas über sich und den richtigen Einsatz Ihrer

Kraft zu lernen. Nimmt Ihre Kraft beispielsweise die Form eines Adlers an, dann sind Sie, statt Probleme in Ihrem Leben direkt anzugehen, besser beraten, wenn Sie sich Ihrer Fähigkeit bedienen, über den Dingen zu schweben, und Ihre Scharfsichtigkeit nutzen, um sie besser zu verstehen und als Meilenstein in Ihrem Leben zu benutzen. Ist Ihr Krafttier ein Reh, dann sollten Sie Ihre Gewandtheit und Geschwindigkeit einsetzen und jene ignorieren, die zu mehr Bedachtsamkeit und zu einer methodischen Herangehensweise an die Dinge raten, denn das ist nicht Ihr Weg.

Es kann vorkommen, daß Ihre Kraft die Gestalt eines Tieres aus der Mythologie oder Sage annimmt. Sollte dies der Fall sein, dann müssen Sie nach Wissen und Erkenntnissen über Ihre Macht eher in Märchen und Sagen suchen als in naturkundlichen Nachschlagewerken. Ich rate Ihnen dringend, alles nur Mögliche über Ihr Krafttier zu lernen und was es für Sie bedeutet, bevor Sie sich Büchern zuwenden (von denen einige im Anhang aufgeführt sind), deren Ziel es ist, Ihnen eine fertige Interpretation zu liefern. Schließlich sprechen wir über *Ihr* Krafttier, und ebenso, wie Sie ein einzigartiges Wesen sind, so ist auch Ihre Kraft, Ihr Verständnis von ihr und Ihre Art, sie einzusetzen, einzigartig.

Eines meiner eigenen Krafttiere, das in einer Phase des Umbruchs in meinem Leben zu mir kam, ist ein Einhorn. Die Tradition will es, daß das Einhorn nur zu einer Jungfrau kommt. Da ich damals bereits Mutter von vier Kindern war, fragte ich mich, ob das meine vielleicht einen kleinen Fehler gemacht hatte. Als ich jedoch die Bedeutung des Wortes «Jungfrau» zurückverfolgte, stellte ich fest, daß es ursprünglich eine Frau bezeichnete, die sich selbst besitzt, statt Eigentum irgendeines Mannes zu sein, egal mit wem sie das Bett teilt. Daß dieses Krafttier zu mir kam in einer Zeit, als ich mich gerade von einer klischeehaften weiblichen Lebensweise zu befreien suchte, fühlte sich wie ein Meilenstein in meinem Leben an. Seitdem bin ich dankbar für seinen Schutz. Es reagiert sehr aggressiv auf jeden, der mich in die Schranken weisen oder kontrollieren will, selbst dann, wenn mir diese Absichten gar nicht bewußt werden.

Wenn Sie Ihr Krafttier in der nichtalltäglichen Wirklichkeit finden, dann werden Sie es entweder sofort wissen, oder aber es wird sich Ihnen irgendwie zu erkennen geben. Sie können es ansprechen, wenn Sie wollen. Bei Ihrer Rückkehr durch den Tunnel wird es mit Ihnen kommen, so daß seine Energie immer bei Ihnen sein wird, egal ob Sie sie nun einsetzen oder nicht.

Weitere Reisen in die Untere Welt könnten unternommen werden, um mehr über Ihre Kraft in Erfahrung zu bringen und darüber, wie sie wirkungsvoll einzusetzen ist; um eine bestimmte Kraft zu suchen, die Sie benötigen, um sich einer herausfordernden Situation in Ihrem Leben zu stellen, oder aber um Heilung für sich zu finden. Nehmen Sie sich genug Zeit, bevor Sie sich auf die Reise begeben, damit Sie sich Ihrer Absicht sicher sind und sie klar vor Ihren Augen steht – ich kann es nicht oft genug betonen, dies ist der Schlüssel für jegliche schamanische Arbeit.

Obere Welt

Wie man in die fünfte oder Obere Welt gelangen kann, scheint etwas zu sein, was nur wenige Lehrer beherrschen oder vermitteln können. Eventuell liegt es daran, weil Sie auf dieser Ebene Ihrem wahren Lehrer – oder Ihrem höheren Selbst – begegnen. Dies ist der Teil Ihres Selbst, der Sie, soweit Sie dies zugelassen haben, in und durch Ihr augenblickliches Leben geführt hat. Möglicherweise empfinden Sie es als merkwürdiges Zusammentreffen, daß Sie gerade zum jetzigen Zeitpunkt in Ihrem Leben dieses Buch lesen. Sollten die in diesem Buch enthaltenen Lehren Ihnen gerade jetzt sehr treffend oder passend erscheinen, dann können Sie sicher sein, daß es Ihr höheres Selbst war, das Sie hierhergeführt hat, um Ihnen beim nächsten Schritt Ihrer persönlichen Entwicklung zu helfen.

Sollten Sie, wie dies vielen Menschen möglich ist, beim Rückblick auf Ihr Leben ein Muster und Gründe für all die Ereignisse erkennen, die Sie zu diesem Augenblick geführt haben, dann machen Sie sich klar, daß es die Hand Ihres höheren Selbst war, die bei Ihrer Reise durch Ihr Leben auf dem Steuer lag. Es gibt einen Teil in Ihnen, der genau weiß, was Sie hier tun und wohin Sie unterwegs sind. Sie können entweder mit diesem Teil Ihres Selbst zusammenarbeiten oder ihm Widerstand leisten. Wenn Sie Widerstand leisten, dann werden Sie feststellen, daß das Schwimmen gegen den Strom Ihres Lebens eine schwierige und strapaziöse Angelegenheit ist.

Es wäre jetzt gut, wenn Sie sich diesem Teil Ihrer selbst bewußt stellten. Die Eigenschaften Ihres höheren Selbst oder inneren Lehrers sind jene, die Sie in Eltern und Lebenspartnern gesucht haben. Falls keine Beziehung in Ihrem Leben Sie jemals wirklich befriedigt hat, dann liegt das daran, daß Sie nach etwas gesucht haben, was niemand anders Ihnen zu geben vermag. Sie haben nach dem verlorenen Teil Ihrer selbst gesucht – nach Ihrer eigenen Seele. Indem Sie sie jetzt kennenlernen, von ihr lernen, sie lieben und von ihr geliebt werden und sie schließlich in Ihr Leben integrieren, werden Sie eine Erfüllung finden, die keine irdische Beziehung Ihnen jemals zu geben vermag. Es wird Sie erstaunen, aber je mehr Freude und Erfüllung Sie auf diese Weise finden, desto mehr werden Sie feststellen, daß sich, nachdem Sie erst einmal von Ihrer Suche nach dem Unerreichbaren erlöst sind, auch Ihre Beziehungen zu anderen Menschen vertiefen und damit eine neue Dimension erhalten.

Bereiten Sie sich auf die Reise in die Obere Welt ebenso vor, wie Sie dies für die Reise in die Untere Welt getan haben. Verwenden Sie die Methode, die Ihnen am geeignetsten erscheint. An Ihrem besonderen Platz, an dem Sie Ihre schamanischen Reisen beginnen, werden Sie etwas finden müssen, mit dessen Hilfe Sie nach oben gelangen können: einen Baum, einen Berg oder sogar eine Leiter reichen aus. Ihre *Absicht* sollte es wie bei der Reise in die

Untere Welt sein, die Obere Welt zu besuchen und kennenzulernen.

Mit dem Einsetzen des Trommelns, vorausgesetzt Ihre Absicht steht Ihnen klar vor Augen, beginnen Sie mit Ihrer Reise nach oben. Möglicherweise werden Sie von der Spitze Ihres Baumes springen müssen, oder aber Sie haben ein Krafttier, das fliegen kann, und Sie erhalten auf diesem Wege Hilfe. Was immer auch geschieht, es liegt in Ihrer Macht, die Obere Welt zu erreichen. Sobald Sie das Tor zur fünften Welt, das dem Kronen-Chakra entspricht, durchschritten haben, blicken Sie sich um und kehren dann auf dem gleichen Weg zurück, den Sie auch gekommen sind.

Wiederholen Sie diese erste Reise so oft wie erforderlich, damit Sie lernen, darauf zu vertrauen, daß Sie die Obere Welt erreichen können.

Wenn Sie diesen Text lesen, dann sind Sie vielleicht versucht, eine Reise in die Obere Welt zu unternehmen, noch bevor Sie in der Unteren Welt waren. Ich rate Ihnen dringend, dies nicht zu tun, sondern sich an die hier vorgeschlagene Reihenfolge zu halten. Viele stellen fest, daß sie erst einen bewußten Zugang zu Ihrer Kraft herstellen müssen, bevor sie die Obere Welt erreichen können. Mit anderen Worten, Sie benötigen die Unterstützung Ihrer Krafttiere für diese Art von Reise. Um auf dieser Ebene Ihres Seins arbeiten zu können, ist es erforderlich, daß Sie auf jeder anderen Ebene ein sicheres Fundament haben. Das ist der Grund, warum wir die ersten einundzwanzig Jahre unseres Lebens damit zubringen, gesunde physische, emotionale und mentale Energiekörper auszubilden. Nehmen Sie sich nun das bißchen Zeit, das Sie benötigen, um sich dieser Ebenen so weit als möglich bewußt zu werden, um sie ins Gleichgewicht zu bringen und, falls erforderlich, zu heilen, damit Ihre Entwicklung nicht «kopflastig» und Ihre Arbeit nicht nutzlos wird, weil ihr ein ausreichendes Fundament auf den unteren Ebenen fehlt.

Die *Absicht* Ihrer zweiten Reise in die Obere Welt könnte lauten: «Um meinen Lehrer oder mein höheres Selbst kennenzulernen.» Wie zuvor bereits festgestellt wurde, ist Ihr höheres Selbst weder (und doch beides) männlich noch weiblich, sondern wird sich Ihnen in einer Form darstellen, die Sie annehmen können. Sollten Sie bei der Suche nach Ihrem inneren Lehrer anderen Wesen begegnen, dann können Sie mit ihnen sprechen und sie entweder nach dem Weg zu Ihrem Lehrer fragen oder sie auffordern fortzugehen, wenn Sie den Eindruck haben, daß sie Ihnen feindlich gesinnt sind.

Seien Sie nicht entmutigt, wenn Sie Ihrem Lehrer nicht sogleich begegnen. Er ist ohne Zweifel dort. Manchmal kann man schon durch die Suche viel lernen. Sobald Sie Ihrem höheren Selbst begegnet sind, haben Sie Zugang zu den Erkenntnissen und Einsichten der Seelenebene und Einblick in jeden Aspekt Ihres Lebens, auch wenn Sie eine Zeitlang brauchen werden, um zu lernen, diese Lehren so zu interpretieren, daß Ihr Verstandes-Selbst sie begreifen kann.

Verlieren Sie niemals die Tatsache aus dem Auge, daß Sie es sich nicht ohne Grund ausgesucht haben, in der normalen Wirklichkeit zu leben. Ihre Fähigkeit, sich in der nichtalltäglichen Wirklichkeit zu bewegen und zu lernen, sollte Sie stärken und Ihnen bei der Erfüllung Ihrer Lebensaufgabe helfen, doch sie darf niemals dazu mißbraucht werden, um dem Alltagsleben zu entkommen. Dank der Führung durch Ihr höheres Selbst werden Ihr persönliches Wachstum und Ihre Entwicklung enorm beschleunigt. Es ist gut möglich, daß Sie irdischen Lehrern zugeführt werden, die in Harmonie mit Ihrem höheren Selbst daran arbeiten, Sie den Weg entlangzuführen, den Sie für sich gewählt haben. Möglicherweise stehen Ihnen noch viele Schwierigkeiten und vielleicht schmerzhafte Situationen bevor, doch mit dem tieferen Verständnis, welches Ihre schamanische Arbeit Ihnen geben wird, und mit der Fähigkeit, Ihre eigenen Kräfte bewußt und harmonisch einzusetzen, werden Sie feststellen, daß es Ihnen gelingt, diese Situationen als die Chancen zu Wachstum und Lernen zu begreifen, die sie tatsächlich sind.

Bei der Arbeit mit dem nächsten Teil dieses Buches, in dem Sie den Kreis erforschen und bereisen werden, dient Ihnen Ihr höheres Selbst als Ihr wichtigster Führer. Betrachten Sie den Text lediglich als grobe Landkarte. Selbst wenn es Ihnen bisher bei Ihren Reisen noch nicht gelungen ist, eine Verbindung zu diesem Teil Ihres Selbst aufzunehmen, so bemühen Sie sich dennoch ab sofort, Ihr Leben von dieser Ebene Ihres Seins aus zu leben. Öffnen Sie sich in jedem Bereich Ihres Lebens für seine Führung.

VIERTENS: Der Kreis

Ihr habt bemerkt, daß ein Indianer in allem, was er unternimmt, die Kreisform berücksichtigt, weil die Kraft der Welt sich stets in Kreisen auswirkt und jedes Ding danach strebt, rund zu sein. In den alten Tagen, als wir ein starkes und glückliches Volk waren, strömte uns alle Kraft aus dem heiligen Ring des Volkes zu. Solange der Ring nicht zerbrochen war, gedieh das Volk. Der blühende Baum war die lebendige Mitte des Ringes, und der Kreis der vier Weltteile nährte ihn. Der Osten spendete Frieden und Licht, der Süden die Wärme, der Westen Regen, und der Norden mit seiner Kälte und dem mächtigen Wind begabte mit Kraft und Ausdauer. Dieses Wissen samt unserer Religion kam zu uns aus der anderen Welt. Alles, was die Kraft der Welt tut, vollzieht sich in einem Kreis. Der Himmel ist rund, und ich habe gehört, daß die Erde wie eine Kugel rund ist, und so sind alle Sterne. Der Wind, wenn er seine höchste Macht entfaltet, bildet Wirbel. Die Vögel bauen sich runde Nester, denn ihre Religion ist die gleiche wie die unsrige. Die Sonne kommt hervor und geht wieder in einem Kreis nieder. Der Mond tut dasselbe, und beide sind rund. Selbst die Jahreszeiten bilden ihren wechselnden Gang in einem großen Kreis und kehren immer dorthin zurück, von wo sie gekommen. Eines Menschen Leben ist ein Kreis von Kindheit zu Kindheit, und so

verhält es sich mit allem, darin die Kraft sich regt. Unsere Tipis waren rund wie Vogelnester, und diese wurden stets in einem Kreis angelegt, dem Ring des Volkes, einem Nest von vielen Nestern, wo der Große Geist wollte, daß wir unsere Kinder hegen.

Hebaka Sapa (Schwarzer Hirsch), ein heiliger Mann von der Oglala-Abteilung der Teton Dakota Sioux. Aus Schwarzer Hirsch, *Ich rufe mein Volk.*

Es ist an der Zeit, die Schlange nun aus einer anderen Perspektive zu untersuchen. Stellen Sie sich vor, Sie blicken von oben nach unten auf die Windungen Ihrer eigenen Schlange. Sie würde aussehen wie ein Kreis, welcher das universelle Symbol für Ganzheitlichkeit und Gleichgewicht ist. Man könnte ohne weiteres mehrere Lebensspannen sinnvoll damit zubringen, den Kreis mit all seiner ihm innewohnenden Weisheit und Heilkraft zu erforschen. Was folgt, ist der Versuch, die Kanäle zu öffnen, um Ihnen einen Zugang zu Ihren eigenen inneren Lehren über dieses Thema zu verschaffen und Ihnen die richtige Richtung bewußt zu machen, in der vielleicht weiteres Lernen möglich ist.

Alle alten Kulturen verwendeten den Kreis nicht nur als Symbol, sondern sogar als Orientierungshilfe, die sie umgebende Welt zu verstehen und zu ihr eine Beziehung aufzunehmen wie auch sich selbst zu begreifen. Es muß gleich zu Anfang darauf hingewiesen werden, daß jegliche brauchbare Landkarte eine persönliche Angelegenheit ist. Selbst, wenn man davon ausgeht, daß wir alle das gleiche Ziel anstreben, so gehen wir doch alle von unserem eigenen Ausgangspunkt aus darauf zu, und manche von uns müssen vollkommen andere Richtungen einschlagen, um ein und denselben Ort zu erreichen. Auf unserer Reise durch das Leben, oder während unseres Erdenspaziergangs, ziehen wir für gewöhnlich die Menschen an oder werden von ihnen angezogen, deren Weg ähnlich wie der unsere verläuft. Alte Kulturen und Religionen haben alle ihren Ursprung in dem Zusammenschluß von Menschen mit einer ähnlichen Lebenseinstellung und, das ist bedauerlich, in einer Intoleranz gegenüber all jenen, deren Lebenseinstellung sich von der ihren unterscheidet.

Da Sie bis zu diesem Punkt mit dem Buch vorangekommen sind, kann ich sicher davon ausgehen, daß die Richtung, in die Sie reisen, sich ausreichend mit der meinen deckt und deswegen Ihnen bei der Erforschung Ihres eigenen Kreises von Nutzen sein wird. Nehmen Sie nicht einfach hin, was hier dargelegt wird. Der Kreis, in dem Sie stehen, ist einzigartig, und die Art, wie Sie zu ihm in Beziehung treten und durch ihn zu der Welt, die Sie umgibt, ist ebenfalls ausschließlich die Ihre. Ich werde später noch einmal darauf zurückkommen, doch zögern Sie nicht, das zu überprüfen, was hier behauptet wird, und, falls notwendig, es zurückzuweisen, nicht als unwahr, sondern einfach als mit Ihrer Reiseroute nicht vergleichbar. Eine nützliche Analogie wäre hier der Vergleich unseres gemeinsamen Ziels (nennen Sie es vollkommenes Bewußtsein, Gleichgewicht und Harmonie, Nirvana, Himmel oder wie Sie wollen) mit Paris. Eine Landkarte, die mich bei meiner Reise vom Norden Englands nach Paris unterstützte, wäre sinnvoll. Für Personen, die aus anderen Gegenden der Britischen Inseln anreisen, wären entsprechende Anpassungen erforderlich. Doch für jemanden, der zum Beispiel aus Australien kommt, wäre meine Landkarte mehr als nutzlos. Das bedeutet nicht, daß meine Karte, oder meine Wahrheit, falsch ist. Sie ist lediglich vollkommen bedeutungslos für die Reise, welche jene Person unternehmen will.

Wir haben bisher ein recht abstraktes Bild oder eine abstrakte Vorstellung von uns selbst als der Schlange untersucht. Wir wollen nun versuchen, uns auf eine persönlichere Art und Weise zu erleben, indem wir von innen nach außen arbeiten, statt wie im ersten Kapitel von außen nach innen. Wie Sie sich erinnern werden, verdichtete sich Geist, die höchste Energieform, hinunter zu Seelenenergie, diese zu mentaler Energie, dann zu emotionaler und physischer Energie, bis sie fähig war, sich selbst als Materie (oder *mater*, Mutter), als unsere mineralische Ebene des Seins auf der Erde zu manifestieren. Wenn wir also die Schlange umdrehen und sie entweder von oben oder von unten betrachten, dann wird sie in etwa so aussehen, wie auf der folgenden Abbildung dargestellt.

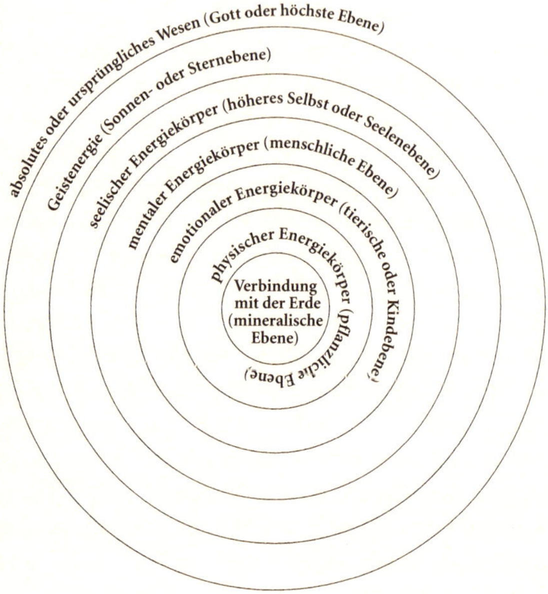

Dies ist eine Abbildung unseres eigenen Kreises. Er ist etwas, was wir als Menschen alle gemeinsam haben. Doch der Gleichgewichtszustand der verschiedenen Ebenen, in welcher Beziehung wir zu ihnen stehen und wie wir uns durch sie zum Ausdruck bringen, das ist bei jedem Menschen einzigartig. Wir alle jedoch sind wiederum Bestandteil anderer Kreise: des Kreises der Erde, der Sonne, der Sterne, des Mondes und der Planeten; des Kreises der Jahreszeiten, des Kreises von Geburt, Leben und Tod, von Ruhe und neuem Leben; von Morgendämmerung, Tag, Abenddämmerung und Nacht. All diese Kreise und viele andere beeinflussen uns tief darin, wer wir sind, und müssen daher auf irgendeine Weise in unseren eigenen Kreis eingearbeitet werden. Wie wir dies tun, hängt sowohl davon ab, wer wir sind und welche Eigenschaften wir durch unseren weiblichen Strahl auf die Erde bringen, als auch davon, was wir hier lernen und durch den männlichen Strahl wieder mit zurücknehmen sollen. Folglich werden wir unsere Erforschung des Kreises damit beginnen, daß wir unsere Verbindung mit der Erde näher untersuchen.

Die Erde

In der nebenstehenden Abbildung befindet sich unsere mineralische Ebene, oder unsere Verbindung mit der Erde, im Mittelpunkt unseres Kreises, und viele Traditionen halten diese Ordnung ein, wenn sie ihre zweidimensionalen Medizinräder (einfach ein Name für die Darstellung unseres Kreises) errichten. Machen Sie sich jedoch klar, daß wir keine zweidimensionalen Wesen sind. Physisch leben wir in vier Dimensionen: Länge, Breite, Höhe und Zeit. Daher ist unser persönlicher Kreis in Wahrheit eine Kugel, die sich, während wir auf unserem Lebenspfad voranschreiten, verändert. Um die Dinge ein wenig zu vereinfachen, nehmen wir als Zeitpunkt, zu dem wir unseren Kreis untersuchen wollen, das Jetzt. Wir werden jedoch trotzdem mit einem dreidimensionalen Kreis, also einer Kugel arbeiten, da dies genauer und auf lange Sicht leichter zu verstehen ist. Aus offensichtlichen Gründen betrachten wir unsere mineralische Ebene, also die Erde, als das, was von unten kommt.

Wir haben uns in der bisherigen Erforschung unserer Beziehung zur Erde auf ihre Rolle als liebende, fürsorgliche Mutter konzentriert, die uns mit ihrem eigenen Körper am Leben erhält und die wir für die Dauer unseres irdischen Daseins ehren und lieben sollten. Nun müssen wir lernen, Beziehung zu einem anderen Aspekt der Erde aufzunehmen, zu einem Aspekt, der oft als sehr beängstigend und bedrohlich empfunden wird. Er wird manchmal als ihre dunkle Seite bezeichnet. Indem wir diesen Aspekt der Erde begreifen und lernen, wie man bewußt und harmonisch mit ihm zusammenarbeitet, statt sich vor ihm zu fürchten und verstecken zu wollen – was nur zu einem Ungleichgewicht führen kann –, erfahren wir mehr über uns selbst und wie wir positiv mit unserer eigenen «dunklen Seite» umgehen können. Schließlich werden wir zu der Einsicht finden, daß beides, Licht und Dunkel, nur zwei Seiten ein und derselben Sache sind und daß unsere wahre Natur beides im Gleichgewicht hält.

Die Christen haben von dem altnordischen Namen der Göttin Hel das Wort Hölle abgeleitet, und dieses steht nun als Inbegriff oder, um genauer zu sein, als Bestimmungsort alles Bösen. Hel ist ein Aspekt der Erdmutter. In der nordischen Mythologie hat sie einen Körper, der zur einen Hälfte der eines schönen jungen Mädchens und zur anderen eine verwesende Leiche ist. Sie herrscht über die Unterwelt. Sie ist der Aspekt der Erde, der unsere physische Körper als Ihr Eigentum zurückverlangt, wenn wir sie nicht mehr länger benötigen. Sie akzeptiert oder vielmehr sie fordert mit Gleichmut die Körper aller zurück, gut und schlecht, jung und alt. Sie beansprucht außerdem all jene Aspekte unseres irdischen Lebens, bei denen es uns nicht gelingt oder bei denen wir nicht bereit sind, sie bis auf unsere Seelenebene zu verfeinern. Was geschieht denn Ihrer Ansicht nach mit all dem Schmerz und der negativen Energie, die Sie erzeugen (wir alle tun das) als Folge von «Fehlern» und Erfahrungen, die Sie aus dem einen oder anderen Grund nicht fähig waren zu akzeptieren und gegen die Sie sich folglich gewehrt haben? Halten Sie sich nicht an Ihrem eigenen Schmerz und an Ihrer Negativität fest, sonst werden Sie davon aufgefressen, und beides wächst in Ihnen. Es reicht auch nicht, es einfach zu ignorieren und zu versuchen, trotzdem weiterzumachen. Die Erdmutter verlangt all Ihren Schmerz und Ihre Negativität (wie beschämend und unangenehm sie auch sein mögen) für sich selbst. Das ist spirituelle Ökologie. So wie Mutter Erde Ihren physischen Körper in Empfang nimmt, wenn er (und der physische Abfall aller anderen Lebensformen) ihr zurückgegeben wird, ihn verfaulen läßt oder kompostiert und in gute nährende Erde verwandelt, aus der andere Lebewesen Leben und Nahrung ziehen können, so wird sie auch alle anderen Formen von uns annehmen, die wir als Abfall oder Negativität begreifen, sie kompostieren und als positive Energie an ihre Kinder zurückgeben.

Dieser Kreislauf energetischer Verwandlung bildet die Basis der spirituellen Ökologie, und die Gesundheit und Harmonie aller Dinge auf allen Ebenen hängt davon ab. Da sich die Menschheit auf allen Ebenen ihrer Existenz konsequent über diese Grundgesetze hinwegsetzt, wird das gestörte Gleichgewicht in uns selbst und in der uns umgebenden Welt immer offensichtlicher. Wie bei aller schamanischen Arbeit müssen wir zunächst versuchen, diese Disharmonie in uns selbst und im Kreis unseres eigenen Lebens zu beseitigen, bevor wir in einem größeren Rahmen Heilung und Harmonie ausstrahlen können.

Auf der grundlegendsten Ebene könnte dies bedeuten, daß Sie darüber nachdenken, wie Ihr Haushalt Müll erzeugt und ihn wieder beseitigt. Es ist einfach nicht möglich, spirituell «rein» oder «fortschrittlich» zu sein, wenn Sie andererseits den Körper von Mutter Erde physisch verschmutzen und vergiften. Mit ein bißchen Nachdenken und Achtsamkeit werden Sie Möglichkeiten finden, um der Erde in allen Bereichen Ihres Lebens zu helfen, statt ihr zu schaden. Das rasche Anwachsen der Zahl von «umweltfreundlichen» Produkten und die Recyclingmöglichkeiten sind Schritte in die richtige Richtung.

Aber was tun Sie mit Ihren emotionalen und mentalen Abfällen? Was machen Sie, wenn Sie Wut, Schmerz, Haß oder Verzweiflung spüren, weil Sie jemand verletzt oder ein Ereignis Sie überwältigt hat? Es zu ignorieren oder so zu tun, als existiere es nicht, funktioniert nicht. Auch der Versuch, nicht so zu fühlen, wie Sie es tun, wenn die Situation wirklich eine negative Reaktion auslöst, ist zum Scheitern verurteilt. Falls Sie jedoch Ihren emotionalen Abfall ganz bewußt der Erde übergeben, damit sie diesen in positive, nützliche Energie umwandeln kann, dann helfen Sie der Situation und sich selbst auf aktive Weise.

Gedanken haben sowohl Form als auch Substanz. Negative oder destruktive Gedanken hören nicht auf zu existieren, nur weil Sie nicht nach ihnen handeln oder Sie zu ignorieren versuchen, obwohl sie um so schwächer sein werden, je weniger Energie Sie in sie investieren. Sie werden zu aufgestauter negativer Energie, entweder in Ihrem eigenen mentalen Energiekörper, oder wenn es Ihnen gelingt, Ihre negativen Gefühle freizusetzen, können sie sich mit anderen Menschen verbinden, die sie dann möglicherweise ausagieren und ihnen damit Energie und Form verleihen.

Vielleicht begreifen Sie bereits, wie wichtig es ist, jegliche Negativität, die Sie erzeugen, zu erkennen und der Erde ganz bewußt zurückzugeben – und Sie erzeugen Negativität, wie wohlmeinend Sie auch sein mögen, genauso, wie Sie allein durch Leben in Ihrem Körper physischen Müll produzieren. Außerdem ist es wichtig, negative Energie, die entweder zufällig oder absichtlich von einer anderen Quelle zu Ihnen kommt, zu erkennen und richtig mit ihr umzugehen.

Übersinnlicher Angriff

Wir nähern uns jetzt einem Thema, welches unter dem Namen «übersinnlicher Angriff» bekannt ist. Dieser Begriff wird in zahlreichen unterschiedlichen Zusammenhängen verwendet, um recht verschiedene Situationen zu beschreiben. Ich verwende ihn hier, um den Fall zu erläutern, bei dem ein anderer menschlich bewußt (doch manchmal auch ohne sein Wissen) negative mentale oder emotionale Energie (im Gegensatz zu einem physischen Angriff, bei dem natürlich negative physische Energie im Spiel ist) auf Sie richtet. Die meisten Bücher und Lehrer auf diesem Gebiet werden Ihnen Techniken empfehlen, um entweder diese schlechten Energien zurück zu ihrer Quelle zu lenken oder um sich irgendwie gegen sie zu verbarrikadieren, damit sie Sie nicht erreichen und Ihnen schaden können. Das ist nicht mein Weg. Es liegt nicht daran, daß diese Techniken nicht funktionieren, sondern daran, daß sie das Problem nicht lösen. Das Zurücklenken von Negativität auf ihre Quelle widerspricht nicht nur dem natürlichen spirituellen Ökologiekreislauf, sondern schadet auch einem Menschen, der aller Wahrscheinlichkeit nach in seiner Negativität gefangen ist und dringend Hilfe braucht.

Auch wenn Sie sich gegen Negativität von außen einfach abschirmen, kann dies im besten Fall als neutraler Akt gewertet werden. Doch Sie verbessern die Situation keineswegs, indem Sie negative Energie weitgehend der Umwelt überlassen, wo sie potentiell Schaden anrichten kann. Ich schlage natürlich nicht vor, daß Sie sich, sozusagen als altruistische Tat, für all die negativen Energien öffnen sollen, mit denen Sie in Kontakt kommen, obgleich es Methoden gibt, mit denen Sie sich zum Kanal für negative Energien machen und diese, einem Blitzableiter vergleichbar, in die Erde ableiten können. Sie erfordern jedoch jahrelange Übung. Probieren Sie nichts dergleichen aus, ohne direkte Unterweisung durch Ihr höheres Selbst oder durch einen erfahrenen schamanischen Lehrer. Die Gefahr, daß Sie die Negativität, die Sie hereingelassen haben, nicht mehr loswerden, ist sehr real.

Negative Energien an die Erde zurückgeben

Die folgenden beiden Methoden können Sie entweder einsetzen, um Ihre eigene Negativität oder um jene, die von außen auf Sie trifft, zu erden. Die erste Methode dient der Erdung von negativen Energien, die Sie kennen und von denen Sie sich trennen wollen, wie zum Beispiel von der Wut über eine bestimmte Situation oder vom Schmerz wegen einer beendeten Beziehung. Die zweite Methode eignet sich besser für eine aktuelle Situation, z. B. bei Eifersucht oder bei Ärger über Geschehnisse, die Sie nicht kontrollieren können.

Inzwischen sollten Sie eigentlich eine enge Arbeitsbeziehung mit ihrem höheren Selbst aufgebaut haben. Bevor Sie also eine der beiden Methoden ausprobieren, befragen Sie dazu Ihren inneren Lehrer, um herauszufinden, welche sich am besten für Ihre speziellen Bedürfnisse eignet und ob bei einer der beiden noch persönliche Anpassungen möglich sind, die ihre Wirkung für Sie noch steigern würden. Auch wenn Ihre Beziehung zu Ihrem höheren Selbst noch nicht so eng ist, können Sie ganz sicher sein, daß Ihr höheres Selbst Sie führt, und versuchen Sie so aufmerksam und empfänglich für diese Führung zu sein wie möglich.

ERSTE METHODE

Sie benötigen einen Stein oder relativ großen Kiesel, den sie selbst in einer natürlichen Umgebung gefunden haben. Für den Fall, daß er durch die Hände einer anderen Person gegangen ist, müssen Sie ihn reinigen, indem Sie ihn einige Minuten mit der klaren *Absicht*, ihn zu reinigen, unter fließendes Wasser halten. Machen Sie die üblichen Vorbereitungen, bevor Sie mit Ihrer schamanischen Arbeit beginnen. Sobald Sie entspannt, in Körper und Kopf ruhig und bereit sind anzufangen, nehmen Sie Ihren Stein auf. Halten Sie ihn in Ihrer Hand vor sich hin, und fangen Sie an, ihm laut oder im stillen alles über die negativen Energien zu erzählen, die Sie loswerden wollen. Erklären Sie genau die ganze Situation, die zu diesem Moment geführt hat. Möglicherweise bekommen Sie dabei neue Einsichten über Ihr Problem und über seine Bedeutung für Ihr Leben. Wenn Sie den Eindruck haben, alles ist gesagt, und Sie bereit sind, Ihren Schmerz, Ihre Angst oder was immer es ist loszuwerden, dann holen Sie tief Luft, halten den Stein vor Ihren Mund und blasen all Ihre Negativität in den Stein. Möglicherweise müssen Sie dies mehrmals wiederholen, bis Sie sicher sind, daß alles aus Ihnen heraus ist.

Da Minerale, wie ich bereits an früherer Stelle erklärte, Energie speichern und es auch Ihre mineralische Ebene ist, die Sie in Ihrer materiellen Form auf der Erde festhält, so ist auch der Stein, den Sie ausgewählt haben (und der Sie ebenfalls gewählt hat), dazu in der Lage, die negative Energie, die Sie freisetzen, aufzunehmen und zu halten.

Der nächste Schritt besteht darin, daß Sie Ihren Stein an die Erde zurückgeben, damit die negative Energie, die er nun enthält, kompostiert und in positive Energie transformiert werden kann. Dies kann geschehen, indem Sie den Stein entweder ins Meer, einen Fluß oder Bach werfen oder aber in der Erde vergraben. Welchen Weg Sie auch wählen, Sie sollten dies mit der klaren *Absicht* tun, Ihre Negativität an die Erde zurückzugeben, damit sie verwandelt werden kann. Dies sollte ehrfürchtig geschehen, um Ihre Dankbarkeit gegenüber dem Reich der Minerale zu zeigen, das Ihnen auf diese Weise hilft.

ZWEITE METHODE

Um mit Negativität fertig zu werden, die Sie aus dem einen oder anderen Grund nicht auf einmal loslassen können, bedarf es einer vollkommen anderen Herangehensweise.

Ein Stein ist auch bei dieser Methode erforderlich. Ich verwende zu diesem Zweck schwarzen Turmalin, doch wählen Sie den Stein, der Ihnen richtig erscheint.

Bereiten Sie sich so vor, wie Sie dies gewöhnlich tun, wenn Sie schamanisch arbeiten wollen. Sobald Sie, wie bei der ersten Methode, bereit sind, nehmen Sie Ihren Stein auf und erklären ihm so ausführlich wie möglich die Situation, die Sie dazu veranlaßt, dieses Ritual durchzuführen. Nun gehen Sie hinaus und vergraben den Stein in der Erde. Markieren Sie die Stelle, damit Sie ihn später wiederfinden können. Sie beabsichtigen damit, einen Kanal zu schaffen, durch den alle Negativität, die durch diese Situation erzeugt wurde und mit der Sie nun den Stein verbunden haben, geerdet und damit transformiert werden kann. Dieser Kanal existiert so lange, wie der Stein vergraben bleibt, obgleich man ihn von Zeit zu Zeit stärken kann, indem man ihn ausgräbt, reinigt und dann den oben beschriebenen Prozeß wiederholt.

Wenn Ihr Bedürfnis nach einem Kanal vorüber ist, dann

können Sie Ihren Stein ausgraben, gründlich reinigen und erneut verwenden. Ein Stein, der mehrfach für diese Art Arbeit verwendet wird, kann zu einem starken Kanal für die Erdung von Negativität werden und außerdem ein sehr nützlicher und wertvoller Helfer sein.

Diese Methode kann außerdem herangezogen werden, um anderen, selbst solchen, denen Sie Ihre schamanische Arbeit nicht einmal erklären könnten, zu helfen und sie zu heilen. Es ist jedoch wichtig zu begreifen, daß Hilfe oder Heilung nicht etwas ist, was man einem anderen aufzwingen kann. Durch dieses Ritual können Sie lediglich einen Kanal schaffen, durch den die Probleme, Schmerzen oder was auch immer zur Erde zurückgeführt werden können, wenn diese Person bereit ist, sie freizusetzen. Sollte ein Mensch sich aus irgendeinem Grund an seiner Negativität festhalten, dann gibt es leider nichts, was Sie tun könnten oder sollten, um ihn zum Loslassen zu bewegen. Diesen Schritt muß er selbst auf seine Art und zu dem für ihn richtigen Zeitpunkt tun.

Sie haben nun hoffentlich eine stärkere und ausgeglichenere Verbindung zu und mehr Verständnis für unsere Mutter, die Erde. Während sie sich dreht und in ihrem unendlichen Tanz Spiralen um die Sonne zieht, sollten wir anfangen, uns bewußt zu machen, wo unser eigener Kreis den ihren berührt und wie unser eigener Spiraltanz des Lebens mit dem ihren verschmilzt und harmonisiert.

Gehen wir nun über unsere mineralische Ebene des Seins hinaus und untersuchen unseren physischen Energiekörper im Verhältnis zu unserem Kreis.

Der Westen

Sie sind von Ihrem physischen Energiekörper umgeben. Er ist ein integraler Bestandteil Ihrer selbst. Doch die Art, wie Sie zu ihm in Beziehung treten, wozu Sie ihn benutzen und was Sie durch ihn geschehen lassen, gibt ihm eine Einzigartigkeit und eine Richtung, die nur ihm allein gehört. Lehrer aus verschiedenen Traditionen werden Ihnen für diesen Aspekt Ihres Selbst unterschiedliche Orientierungshilfen anbieten, doch nur Sie selbst können wissen, was wirklich richtig für Sie ist.

Warum leben Sie in dieser Zeit in einem physischen Körper? Warum gerade in diesem Körper? Das sind keine Fragen, die man rasch beantworten kann, sondern über die man lange nachdenken muß. Als Sie sich mit den Übungen im ersten Kapitel beschäftigt haben, sind Sie vielleicht schon auf einen Teil Ihrer Antwort gestoßen. Ich rate Ihnen dringend dazu, diese Fragen zum Thema mehrerer schamanischer Reisen zu machen und nicht weiterzumachen, bis Sie wenigstens versucht haben, sie zu beantworten.

Ich meine, Sie werden schließlich herausfinden, daß Ihre Antworten sich in zwei Kategorien einreihen. In die erste Kategorie fallen die Dinge, die Sie während Ihres Aufenthalts auf der Erde geben müssen (hängt mit Ihrem weiblichen Strahl zusammen), und in die zweite jene, die Sie während Ihrer irdischen Zeit sammeln müssen, wie zum Beispiel Erfahrungen und Erkenntnisse (verwandt mit Ihrem männlichen Strahl). Beides kann unter einem Begriff zusammengefaßt werden: *Veränderung*. Sie leben in einem Körper, und folglich kann Veränderung oder Transformation sowohl durch Sie als auch in Ihnen stattfinden. Hoffentlich haben sie eine Vorstellung davon, welche Veränderungen Sie bewältigen können und welche Sie persönlich benötigen. Seien Sie jedoch immer auf Überraschungen gefaßt!

Im Tageskreis, der für eine Drehung der Erde steht, gibt es zwei Veränderungsphasen: Das Morgengrauen und die Abenddämmerung, die wegen der Position der aufgehenden und untergehenden Sonne den Himmelsrichtungen Osten und Westen oder wegen der Art, in der der Geist zu diesem Zeitpunkt mit der Materie in Beziehung tritt, zugeordnet werden. Auch im Jahreskreis, der für einen Umlauf der Erde um die Sonne steht, gibt es zwei Veränderungsphasen: den Frühling, in dem sich die Energien nach außen bewegen – eine Zeit der Geburt, des Wachstums und der Anfänge –, und den Herbst, in dem das Gegenteil geschieht und die Dinge sich verdichten und tief in sich hinein zurückziehen, Pflanzenenergien werden in den Wurzeln und Samen abgelagert, und auch für das Tierreich ist dies die Zeit des Todes oder Winterschlafs. Wegen der Beziehung, die zu dieser Zeit zwischen Geist und Materie herrscht, wird der Frühling als dem Osten und der Herbst als dem Westen zugehörig empfunden.

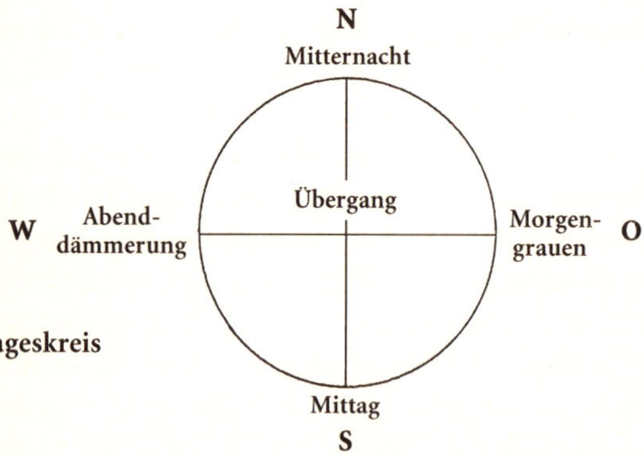

Der Tageskreis

In vielen Medizinrädern nordamerikanischer Indianer wird physisches Leben dem Westen zugeordnet, wenn auch nicht in allen. Wenn wir in diesem Zusammenhang über den Westen reden,

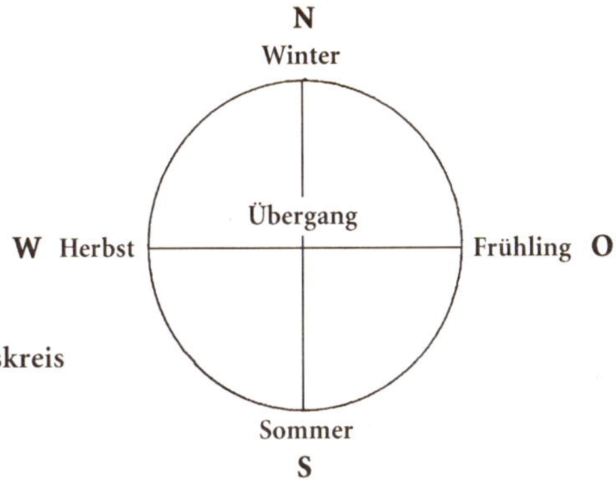

Der Jahreskreis

dann meinen wir nicht einfach die physische Himmelsrichtung, sondern mehr die archetypischen Eigenschaften, die mit dieser Richtung verbunden sind. Die Eigenschaften, welche die Energie hat, die sich der Erde aus dem Osten nähert, sind jede der Beschleunigung, des Erwachens und der Erleuchtung, was am Morgengrauen und am Frühling gut zu erkennen ist. Energie, die aus dem Westen auf die Erde trifft, wirkt verlangsamend, kondensierend, hineingehend und, wie bereits erwähnt, transformierend.

> Diese Eigenschaften können nicht wirklich aus einem Buch erlernt werden. Es ist erforderlich, daß Sie eine direkte Beziehung zu ihnen aufbauen. Dies jedoch ist etwas, was nicht innerhalb einiger Tage oder Wochen möglich ist. Es braucht Zeit, um eine Beziehung zu einem anderen Menschen aufzubauen und ihn zu verstehen, und dies gilt auch für die Beziehung zu den archetypischen Energien oder den Hütern des Geistes der vier Himmelsrichtungen. Ein sehr einfacher Anfang kann gemacht werden, indem man sich während des Tages Zeit dafür nimmt, sich ruhig hinzusetzen, einen Kreis zu zeichnen, wie er in der Abbildung zu sehen ist, ihn in vier Teile teilt und jedem Viertel eine Richtung zuordnet. Dann denken Sie an irgend etwas, probieren herum und setzen sich schließlich an die richtige Stelle im

Kreis. Die Jahres- und Tageszeiten sind Ihnen bereits abgenommen worden, doch Sie können noch immer die Eigenschaften untersuchen, die mit diesen in Verbindung gebracht werden. Die Mondphasen stellen eine offensichtliche Möglichkeit dar. Gleiches gilt für den Lebenskreis einer Pflanze, eines Tiers oder sogar des Menschen.

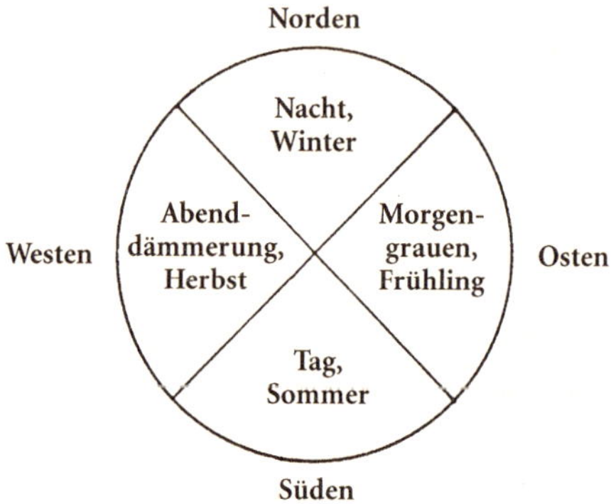

Die Eigenschaften der vier Hüter des Geistes entdecken. Vervollständigen Sie diesen Kreis

Nach und nach werden Sie nicht nur die Eigenschaften begreifen, welche mit den vier Richtungen in Beziehung stehen, sondern Sie werden auch begreifen, was sie für Sie bedeuten und was Sie mit ihnen verbindet. Schließlich werden Sie auch die Fähigkeit erlangen zu wählen, wie Sie mit ihnen in Beziehung treten, und dadurch einen weiteren Schritt in Richtung Harmonisierung und Heilung Ihrer selbst und Ihrer Umwelt machen.

Wenn es sich für Sie ebenso richtig anfühlt wie für mich, sich mit der Weisheit und den Energien des Westens über Ihren physischen Energiekörper zu verbinden, dann wird das Folgende Ihnen nützlich sein. Sollte aus irgendeinem Grund eine andere Herangehensweise für Sie angemessener sein, dann kann es vielleicht trotzdem interessant und hilfreich sein.

Um sich mit dem Charakter der Energie des Westens zu verbinden und um ihn zu erfahren, begeben Sie sich an einem klaren, sonnigen Tag nach draußen und blicken in den Westen. Was sehen Sie? Was erleben Sie? Früh am Tage wird Ihr Gesicht im Schatten liegen, und Ihr Schatten wird sich lang vor Ihnen ausstrecken. Sie werden die Wärme der Sonne auf Ihrem Rücken spüren, und Sie sehnen sich vielleicht danach, sich umzudrehen und der Sonne Ihr Gesicht entgegenzuhalten, doch der Tagesbeginn findet hinter Ihrem Rücken statt. Der Tag wird seine Mitte überschritten haben, bevor Sie die Sonne zu sehen bekommen, ihre Wärme und Kraft auf Ihrem Gesicht fühlen und sie direkt begrüßen können. Jetzt liegt Ihr Schatten hinter Ihnen. Sie halten Ihr Gesicht in die Richtung gekehrt, in welche die Sonne reist. Ihre Energie bewegt sich in Harmonie mit der Ihres Geistvaters – von Ost nach West – auf den Punkt zu, an dem die Sonne mit Glanz und Gloria untergeht oder aber ruhig und langsam verblaßt.

War das die Zukunft? War das alles, worauf der Tagesablauf abzielte? Ist alles auf das Verschwinden der Sonne hin ausgerichtet – Dunkelheit, Kälte und Tod? Worum geht es in Ihrem Leben, da doch der Geist, der durch Sie hindurchfließt, dem gleichen unvermeidlichen Weg von Ost nach West, von der Geburt bis zum Tod folgt?

Den Tod verstehen

Wenn ein Kind geboren wird, dann ist sein Tod das einzige, was ihm die Zukunft mit Sicherheit bringt, und doch ist dies wahrscheinlich die eine Sache, vor der es am meisten abgeschirmt und auf die es am wenigsten vorbereitet wird. Was hat es mit der Angst und dem Geheimnis, die den Tod umgeben, auf sich? Könnte es sein, daß unsere moderne, lineare Denkweise uns den Tod vielleicht für den Rand des Abgrunds, die vollkommene Vergessenheit halten läßt, statt, worauf alles in der Natur hinweist, für einen

Punkt auf einem Kreis, den Teil eines Zyklus, den wir wieder und wieder durchwandern werden, für einen Übergang statt für einen Abschluß?

Selbst Ihr physischer Körper, der, da er Ihnen nicht unbegrenzt dienen kann, die Ursache für Ihren Tod ist, besitzt eine eigene Art der Unsterblichkeit. Wie Einstein sagt, kann Materie weder zerstört noch erschaffen, sondern nur verändert werden. Ja, die Atome (Einheiten physischer Energie), aus denen Ihr gegenwärtiger Körper sich zusammensetzt, waren vielleicht einmal Bestandteil eines Dinosaurierkörpers oder eines Baumes in einem urzeitlichen Wald. Wie wir es bereits gelernt haben, als es darum ging, negative Energie an die Erde zurückzugeben, damit sie in positive verwandelt werden kann, so stellen wir auch hier fest, daß es so etwas wie ein Ende oder Tod nicht gibt, lediglich Transformation.

> Diese Vorstellung ist zu gewaltig, als daß man sie sofort akzeptieren könnte. Blicken Sie also zurück auf Ihr Leben und auf all die «kleinen Tode», die Sie erlitten haben. All die Verluste, die schmerzhaften und glücklichen Veränderungen in Ihrem Leben. Nehmen Sie sich nun Zeit, um jeden dieser «kleinen Tode» auf diese neue Weise, als eine Transformation statt als Ende, zu untersuchen. Was wurde wozu transformiert? Haben Sie die Veränderung willkommen geheißen, oder haben Sie sich dagegen aufgelehnt? War die Veränderung erfolgreich, oder war sie es nicht? Ist es möglich, daß Sie eine Reihe von «kleinen Toden» erlebt haben, die alle die gleiche Transformation zu bewirken suchten, die Sie jedoch, aus welchen Gründen auch immer, blockiert haben?

Diese Übung kann Sie Wochen, ja sogar Monate beschäftigen, aber ich glaube, Sie werden schließlich die Tatsache erkennen, daß Sie sehr viel schneller und weniger schmerzhaft vorankommen, wenn Sie die Transformationen, die stattfinden, einfach akzeptieren und positiv mit ihnen umgehen, statt sie zu fürchten und sich ihnen zu widersetzen. Die Tatsache anzuerkennen, daß Sie deshalb in einem physischen Körper stecken, um Veränderung und Transformation zu erleben, kann dabei sehr hilfreich sein. Wenn es Ihnen erst einmal gelingt, diese «kleinen Tode», und in Wahrheit natürlich auch den einen großen am Ende Ihres gegenwärtigen physischen Lebens, im Licht einer von Ihnen benötigten Lern- und Wachstumserfahrung zu sehen, dann verlieren sie ihren Schrecken und ihre Macht, Angst zu erzeugen. Obgleich sie noch immer Leiden hervorrufen werden, werden Sie feststellen, daß Sie es akzeptieren, ja sogar auf eine Weise begrüßen können, wie eine schwangere Frau den Wehenschmerz willkommen heißt, der ihre Schwangerschaft beendet und ihr Kind auf die Welt bringt. Denn Geburt und Tod sind nichts als zwei verschiedene Perspektiven ein und derselben Sache, so wie der Sonnenuntergang an einem Teil der Welt der Sonnenaufgang an einem anderen ist, so wie Sie gerade den Herbst erleben, begrüßen die Menschen auf der anderen Seite der Hemisphäre gerade den Frühling.

Der Süden

Sie könnten meinen, daß es davon abhängt, auf welcher Erdhalbkugel Sie leben, wie Sie sich in Beziehung zu den Energien von Süden und Norden setzen, aber dies trifft nicht zwangsläufig zu. Betrachten Sie Kletterpflanzen, die wie das Geißblatt ursprünglich aus der nördlichen Hemisphäre stammen, und Sie werden sehen, daß diese klettern, indem sie sich um ihre Stütze im Uhrzeigersinn oder der Sonne zugewandt winden, während Pflanzen wie die Stangenbohne, die ursprünglich auf der südlichen Halbkugel vorkamen, unabhängig von ihrem Standpunkt ihre Stütze gegen den Uhrzeigersinn und von der Sonne abgewandt umschlingen.

Welches ist die natürliche Richtung, in die sich Ihre Energie bewegt? Sind Sie Links- oder Rechtshänder? Entspricht Ihre dominierende Hand Ihrem dominierenden Auge und Fuß? Tatsächlich untersuchen wir hier das, was man als Ihre persönliche Polarität bezeichnen könnte. Wie bereits erwähnt, bewegt sich Ihre Energie rhythmisch und spiralförmig. Wenn Sie die Richtung herausfinden, in die sich Ihre Energiespirale dreht, dann wird Ihnen dies helfen, um sich in Ihrem eigenen Kreis zu orientieren.

Als Anhaltspunkt mag Ihnen dienen, daß Ihre dominierende rechte Hand von Ihrem männlichen Strahl oder von Yang kontrolliert wird, und Ihre andere Hand, die für gewöhnlich als passive oder empfangende Hand empfunden wird, wird von Ihrem weiblichen Strahl bestimmt. Dies ist jedoch wegen verschiedenem kulturellem Aberglauben und wegen gewisser Tabus nicht immer ein zutreffender Anhaltspunkt, da Eltern die natürliche Polarität eines Kindes verändern, bevor es noch begreifen kann, was mit ihm geschieht, und damit vielleicht ein energetisches Ungleichgewicht und Disharmonien erzeugen, die ein Leben lang bestehen bleiben.

In der westlichen magischen Tradition heißt im Uhrzeigersinn «dieseil» und gegen den Uhrzeigersinn «widdershins». Weil man sich des natürlichen Energiemusters in diesem Teil der Welt (der nördlichen Hemisphäre) bewußt war, betrachtete man «dieseil» als gut und gesund, während man «widdershins» als ein Zeichen für Unglück wertete. Diese Auffassung kam zur Anwendung bei, wie man sie nannte, «schwarzer» Magie, mit der man Disharmonie erzeugte, und bei «weißer» Magie, mit der geheilt und harmonisiert wurde. Auf der Basis dieses Wissens, jedoch ohne die dazugehörige Einsicht, wurden rechtshändige Menschen akzeptiert, da ihr Energiemuster sich mit dem normalen «dieseil»- Muster deckte, während linkshändige Menschen verfolgt und manchmal sogar getötet wurden, weil ihre Energie in einer «widdershins»-Spirale floß und sie folglich als schlecht betrachtet wurden. Es ist noch gar nicht lange her, da wurden die Kinder in der Schule, ohne Rücksicht auf ihre natürliche Neigung, gezwungen, mit der rechten Hand zu schreiben.

Es ist offensichtlich, daß es sich hierbei um die Fehlinterpretation einer grundlegenden Tatsache handelt. Obwohl «dieseil» das

Spiralmuster ist, dem die Energie auf der nördlichen Halbkugel natürlich folgt, so ist auch «widdershins» ein natürlich vorkommendes Energiemuster, das jedoch gewöhnlich auf der südlichen Halbkugel auftritt. Ihre eigene Polarität, welche sie auch sein mag, ist die richtige und natürliche Art, wie Ihre Energie sich ausdrückt. Indem Sie sich ihrer bewußt werden und harmonisch mit ihr umgehen, bringen Sie sich nicht nur selbst am besten zum Ausdruck, Sie können auch Ihr Verständnis dafür vergrößern, wie Sie zur Welt in Beziehung treten und Ihr Wissen über Ihren eigenen Kreis vergrößern.

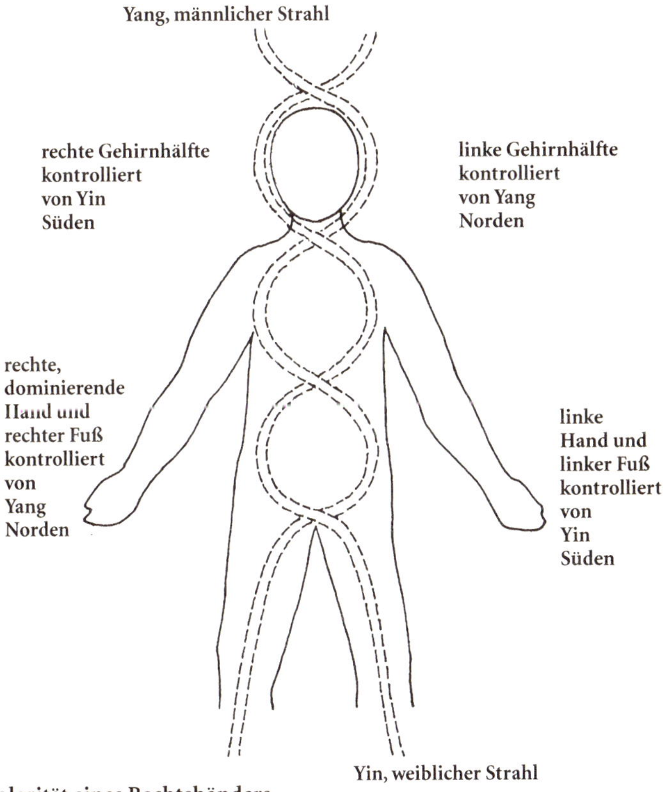

Polarität eines Rechtshänders

Die eigene Polarität überprüfen

Für diese Übung werden Sie Ihr Pendel benötigen. Bereiten Sie sich so vor, wie Sie dies normalerweise für die schamanische Arbeit tun. Sobald Sie bereit sind, nehmen Sie Ihr Pendel mit der Hand auf, die sich richtig anfühlt. Halten Sie es an einem kurzen etwa 7 bis 10 Zentimeter langen Band. Sie sind im Begriff, mit Ihrem instinktiven, tierischen Selbst Kontakt aufzunehmen. Bitten Sie darum, daß es Ihnen zeigt, in welche Richtung Ihre Energie natürlicherweise fließt. Ihr Pendel sollte anfangen, sich in der gleichen Richtung zu drehen wie Ihre Energie. Ich finde es immer besser, wenn man dies mehrmals überprüft. Sollten Sie einen Freund haben, der in schamanischer Arbeit versiert ist, dies für sie überprüfen kann und nicht damit durcheinander gerät, auf wessen Energie er sich einstimmt, dann wäre dies ebenfalls sinnvoll.

Eine Bewegung im Uhrzeigersinn weist darauf hin, daß Sie von Natur aus Rechtshänder sind. Eine Bewegung gegen den Uhrzeigersinn weist darauf hin, daß Sie von Natur aus Linkshänder sind. Erhalten Sie keine klare Antwort, dann bedeutet dies entweder, daß Sie beidhändig sind und daß sich Ihre Energien im vollkommenen Gleichgewicht befinden, oder aber, und dies trifft mit größerer Wahrscheinlichkeit zu, daß sich Ihre Energien derart im Konflikt mit ihrem natürlichen Muster befinden, welches ihnen verweigert wurde, daß es nicht möglich ist, eine klare Richtung festzustellen. Sollte dies bei Ihnen der Fall sein, dann ist es gut, wenn Sie sich mit Ihren Eltern oder Lehrern und Freunden, die Sie schon als Kind kannten, in Verbindung setzen, um herauszufinden, ob Sie vielleicht von Natur aus linkshändig waren, jedoch gezwungen wurden, statt der linken die rechte Hand zu gebrauchen. Sollte dies zutreffen, dann können Sie Ihre ursprüngliche Polarität nur wiederherstellen, indem Sie sich umgewöhnen. Langsam, anfangs vielleicht nur für ein paar Minuten täglich, müssen Sie Ihrer linken Hand Gelegenheit geben, all die Fertigkeiten zu lernen, die ihr vor langer Zeit verweigert wurden, und allmählich wird sie wieder die dominierende Rolle übernehmen und Ihr natürliches Energiemuster wiederherstellen.

Sie stellen möglicherweise fest, daß Ihr natürliches Energiemuster während Ihrer Kindheit beeinträchtigt wurde, Sie aber dennoch nicht allzu viele Schwierigkeiten damit haben. Beispielsweise könnte das Pendel zeigen, daß Ihre Energie gegen den Uhrzeigersinn fließt, man Ihnen jedoch beigebracht hat, mit der rechten Hand zu schreiben. Möglicherweise ist es nicht notwendig, daß Sie sich einem Programm der Umgewöhnung unterwerfen. Vermutlich würde es Ihnen nicht schwerfallen, mit der linken Hand zu schreiben, da Ihr Energiemuster noch klar vorhanden ist und seine Dominanz behauptet hat, aber es kann durchaus bereits ausreichen, wenn Ihnen Ihre Polarität bewußt ist.

Wie die Abbildung der Polarität zeigt, kann Ihre weibliche oder Yin-Energie als südliche Polarität und ihr dominierender männlicher oder Yang-Strahl als nördliche Polarität bezeichnet werden. Wenn auf der nördlichen Erdhalbkugel Energie aus dem Süden ankommt, dann ist sie für gewöhnlich warm und belebend, schafft Wachstum und Offenheit. Der Süden ist mit dem Sommer und der Tagesmitte, wenn die Sonne am höchsten steht, verbunden und besitzt außerdem die Eigenschaft der Stärke.

Wenn Sie dem Osten den Rücken zuwenden und damit dem natürlichen Verlauf des Lebens entsprechend ausgerichtet sind, dem zufolge alles von der Geburt zum Tod fließt (und von dort wieder zur Geburt), dann befindet sich der Süden auf Ihrer linken und damit auf der Seite Ihres Körpers, auf der, wenn Sie Rechtshänder sind, der Yin-Strahl Hand und Fuß dominiert – also jenen Teil Ihrer selbst, mit dem Sie auf Ihre Umwelt zugehen und dessen Energie Sie mit der Ihrer Umwelt in Einklang bringt. Sollten Sie Linkshänder sein oder Ihre Energie von Natur aus gegen den Uhrzeigersinn fließen, dann steht Ihr Yin-Strahl durch Ihren mentalen und Ihren physischen Energiekörper mit dem Süden in Verbindung. Ich überlasse es Ihnen selbst, die Auswirkungen zu erforschen. Betrachten Sie dabei nicht nur Ihren Körper, seine Ausgewogenheit, Gesundheit und wie Sie ihn einsetzen, um mit Ihrer Umwelt in Kontakt zu treten, sondern auch im größeren Zusammenhang die kulturellen Eigenschaften der Menschen und des Landes. Für einen Menschen, der auf der südlichen Halbkugel lebt, verhält sich alles umgekehrt. Für einen Menschen, dessen Lebensweise ihn oft auf die andere Seite des Äquators führt, wäre es von enormem Nutzen, wenn er sich seiner Polarität bewußt wäre und dessen, wie die Verbindung zwischen ihr und der Erdpolarität sich abhängig vom Aufenthaltsort auf der Erde verändert.

Die Angst loslassen

Die Weisheit des traditionellen Medizinrads, mit dem ich arbeite, sagt, daß wir über den Süden, die Himmelsrichtung für Wachstum, Offenheit, Gelehrsamkeit und Kraft, mit dem tierischen oder Kind-Selbst, dem emotionalen Energiekörper, in Verbindung kommen. Der Süden, der in der nördlichen Hemisphäre mit dem Sommer assoziiert wird, symbolisiert die Zeit zwischen Geburt und Tod im Leben eines Menschen, die von Lernen und Wachstum geprägt sein sollte. Die kindlichen Eigenschaften Offenheit und Unschuld, die für wirkliches Lernen und Wachsen so unbedingt erforderlich sind und heute, selbst in der Kindheit, nur allzu selten zu ihrem Recht kommen, wurden von vielen spirituellen Lehrern als der Schlüssel zu dem bezeichnet, was Christus das Königreich des Himmels nannte – vielleicht ein Begriff, der verwendet werden könnte, um den erfolgreichen Abschluß unseres Lebens auf Erden zu beschreiben.

Warum schließen wir Türen und bauen Barrieren auf? Ohne Nahrung können wir auf keiner Ebene unseres Seins wachsen. Und doch fällt es vielen von uns schwer, die Nahrung, die uns von allen Seiten aus freizügig angeboten wird, anzunehmen. Selbstverständlich müssen wir kritisch sein. Natürlich können wir nicht einfach alles akzeptieren, was uns gesagt oder gegeben wird. Aber Kinder tun das auch nicht! Ein Kind ist zu Unschuld und Offenheit fähig, weil es vertraut. Es vertraut darauf, daß seine Eltern und Lehrer sich um es kümmern. Es vertraut auf die Reinheit seiner Absicht, Dinge einer gleichfalls hohen Ordnung anzuziehen. Es vertraut darauf, daß sein höheres Selbst es so im Leben führen wird, wie es seinen besonderen Bedürfnissen am besten dient.

Während Ihrer Kindheit waren auch Sie offen und unschuldig. Sie vertrauten im stillen, bis Ihr Vertrauen betrogen wurde. Wer oder was hat Ihr Vertrauen enttäuscht? Waren es Menschen oder das Leben im allgemeinen? Und womit haben Sie dieses Vertrauen ersetzt? Sie haben es mit Angst ersetzt.

Angst ist der Grund dafür, daß Sie nicht vollständig am Leben teilnehmen können. Angst ist der Grund, daß Sie sich den Lernerfahrungen, zu denen Ihr höheres Selbst Sie mit so liebevoller Geduld führt, nicht vollständig öffnen können. Ihre Angst hemmt Ihr Wachstum. Sie müssen lernen, sich durch Ihre Angst hindurch vollkommen mit der Kraft des Südens zu verbinden und Ihre eigene emotionale Energie auszugleichen.

So wie Sie es getan haben, als Sie sich mit dem Westen und dem Verständnis des Todes beschäftigten, so möchte ich auch hier, daß Sie zurück in Ihre Vergangenheit blicken. Schreiben Sie, indem Sie mit Ihrer frühesten Kindheit beginnen, jeden Verrat an Ihnen auf, jede Gelegenheit, bei der die Welt und die Menschen um Sie herum Sie im Stich gelassen und das Vertrauen, das Sie in sie setzten, enttäuscht haben. Wir arbeiten hier jetzt mit Ihrem emotionalen Energiezentrum, der Ebene Ihres inneren Kindes, und es könnte gut sein, daß Sie die Verwendung eines Pendels, wie ich es im ersten Kapitel beschrieben habe, als hilfreich empfinden. Übereilen Sie nichts. Diese Erinnerungen werden Ihnen vermutlich große Schmerzen bereiten und sind vermutlich gerade deswegen unterdrückt worden. Sie werden Zeit benötigen, um überhaupt einen Zugang zu ihnen zu finden. Gehen Sie mit jeglicher Negativität, die im Zusammenhang mit diesen Erinnerungen entsteht, so um, wie Sie es gelernt haben.

Sollten Sie auf Erinnerungsblockaden stoßen, die Sie allein nicht durchbrechen können, dann rate ich Ihnen, sich die Hilfe eines erfahrenen schamanischen Heilers zu suchen. Es könnte mehrere Gründe für solche Blockaden geben, doch es ist wahrscheinlich, daß Ihnen eine von mehreren Seelentherapien helfen kann, die nur ein ausgebildeter und erfahrener Heiler mit Ihnen machen kann.

Sobald Sie Ihre Liste beisammen haben, können Sie, auch wenn sie nicht vollständig ist, jeden Punkt für sich untersuchen. Womöglich erkennen Sie, da Sie die Situation nun neu aus der Blickrichtung eines Erwachsenen betrachten, daß nicht etwa Verrat, sondern einfach ein Mißverständnis vorlag. Doch in vielen Fällen wird der Betrug nur allzu real sein. Sie werden diese Fälle sehr gründlich untersuchen müssen. Warum hat man Sie auf diese Weise im Stich gelassen und verraten? Ich glaube, Sie werden schließlich feststellen, daß alles, was Ihnen zugestoßen ist, nur deshalb geschehen konnte, weil die Menschen und Ereignisse in Ihrer Umgebung aus dem Gleichgewicht geraten waren und ihre innere Harmonie verloren hatten. Menschen, die sich nicht selbst ins Gleichgewicht bringen und heilen können, verbreiten zwangsläufig Disharmonie und Unbehagen um sich her. Sie brauchen Hilfe. Dies ist ohne Zweifel die Arbeit, mit der Sie augenblicklich befaßt sind. Wie wir ja bereits erfahren haben, sorgen wir mit der Harmonisierung und Verwirklichung unserer selbst für Heilung und Ausgleich in unserer Umwelt. Dies ist unmöglich, wenn wir uns die Probleme anderer aufladen. Geschieht dies, dann multiplizieren wir die Probleme eher, als daß wir sie lösen.

Indem Sie sich jeden Fall einzeln vornehmen, wird es Ihnen gelingen, Verständnis aufzubringen und den Menschen oder Situationen zu vergeben, die Ihnen Schmerzen zugefügt haben.

Denn Sie können niemandem helfen und niemanden und nichts heilen, wenn Sie ihnen die Schuld geben oder sich über sie ärgern. Sie sind auch nicht in der Lage, sich selbst zu helfen, wenn Sie an Ihrer Angst festhalten. Sie werden wahrscheinlich erkennen, daß der Verrat an Ihnen der Gipfelpunkt einer langen Reihe von Enttäuschungen war und daß die beteiligten Menschen auf die ihnen zu diesem Zeitpunkt einzige ihnen mögliche Art und Weise agiert und reagiert haben. Nun, da Sie dazu in der Lage sind, dies zu erkennen, wird es Ihnen gelingen, das Muster zu durchbrechen. Erden Sie Ihre Negativität, wie Sie es gelernt haben, und Sie werden feststellen, daß Ihre Angst sich mit ihr auflöst. Sobald Sie begreifen, werden Sie sich nicht mehr fürchten. Nach und nach werden Sie Ihr Vertrauen und Ihre Offenheit zurückgewinnen. Ihr Kind-Selbst wird um so schöner sein, da es jetzt in Liebe, Harmonie und im Gleichgewicht mit all den übrigen Ebenen Ihres Selbst funktionieren kann. Je mehr Sie sich für Wachstum und Lernen öffnen, wozu Sie schließlich auf die Erde gekommen sind, desto stärker wird auch Ihre Verbindung zum Süden werden.

Der Norden

Mit dem Verständnis für Ihre eigene Polarität nehmen Sie das Folgende als Führer und finden Sie eine Beziehung dazu, die sich für Sie richtig anfühlt.

Wenn Sie sich nun wieder mit dem Rücken zum Osten hinstellen, weist Ihre rechte Seite nach Norden. Falls Sie Rechtshänder sind, so ist es die rechte Hand, die Sie in die Welt ausstrecken, um zu geben und tätig zu werden. Die Welt, in der wir leben, wird durch unsere rechten Hände, welche die Werkzeuge unseres Verstands darstellen, geformt, und wir arbeiten daher über den Norden mit dem mentalen Energiezentrum.

Im Jahreskreis kann der Norden mit dem Winter assoziiert werden, eine Jahreszeit, während der nichts wächst und während der die Natur eine Art Atempause einhält. Für uns kann dies eine Lebensphase sein, in der wir Bilanz ziehen oder uns festigen. Vielleicht eine Pause zum Nachdenken. Doch was sind Gedanken? Besitzen sie Substanz, Wirklichkeit? Woher kommen sie? Wohin gehen sie? Was kontrolliert sie, oder was kontrollieren sie?

Schließen Sie die Augen. Stellen Sie sich vor, wie Sie vor zehn Jahren waren. Wie haben Sie ausgesehen? Womit waren Sie beschäftigt? Konzentrieren Sie sich, bis Sie ein Bild dessen erschaffen haben, was Sie damals waren, und des Lebens, das Sie damals geführt haben; konzentrieren Sie sich, bis Sie dort bei dieser früheren Version Ihrer selbst in Ihrer Wirklichkeit von vor zehn Jahren sein können.

Noch immer halten Sie die Augen geschlossen und projizieren sich nun selbst zehn Jahre in die Zukunft. Wo werden Sie in zehn Jahren sein? Sehen Sie sich selbst in der Zukunft, die Sie für sich wählen. Mit wem werden Sie zusammensein? Wie werden Sie aussehen? Fahren Sie fort, bis Sie ein klares Bild der Zukunft vor Ihrem inneren Auge aufgebaut haben, die Sie in Ihrem jetzigen Zustand für sich wählen.

Öffnen Sie nun die Augen. Was haben Sie gerade mehr getan als das übliche Tagträumen? Sie haben soeben bewiesen, daß Gedanken nicht an die Zeit gebunden sind. Sie sind fähig, Zeitreisen zu unternehmen. Möglicherweise ist die Zukunft, die zu besuchen Sie sich entschieden haben, nicht diejenige, in der Sie sich schließlich, nach zehn Jahren weiterer Lebenserfahrungen und Wahlmöglichkeiten, wiederfinden werden. Aber es handelt sich dennoch um eine gültige Vorstellung von Ihrer Zukunft. Möglicherweise ist Ihre Vision so stark, daß nichts Sie in dieser Hinsicht beeinflussen kann, und vielleicht ist es Ihnen möglich, Ihre Gedankenenergie auf eine Weise zu erden, die dazu führt, daß Sie Ihre Wirklichkeit tatsächlich selbst erschaffen.

Gedanken sind nicht an die Zeit gebunden. Noch sind sie den übrigen Dimensionen der materiellen Welt unterworfen. Anders als Ihre Gefühle, die entweder von Ihrer Umwelt oder von den anderen Ebenen Ihres Seins abhängen und etwas benötigen, worauf sie reagieren können, sind Ihre Gedanken vollkommen frei und kreativ. Jedenfalls haben Sie das Potential dazu. Die Befreiung, Heilung und Harmonisierung Ihrer unteren Ebenen sollten Sie bei der Freisetzung Ihrer angeborenen Kreativität bereits ein gutes Stück Weges vorangebracht haben.

Die jüdisch-christliche Mythologie berichtet, daß der Mensch nach dem Bild seines Schöpfers erschaffen wurde. Folglich sind auch wir Schöpfer. Wenn Tiere etwas errichten, dann tun sie es gemäß der alten instinktiven und erlernten Weisheit ihrer Art. Ihre eigene Kreativität ist Ihre einzigartige menschliche Begabung. Kaltes abstraktes Denken ohne den Funken der Kreativität ist leblos und unmenschlich. Sie benötigen Kreativität ebenso wie der Mensch das Feuer braucht, um die Kälte des Winters zu überstehen. Der Unterschied zwischen Weisheit und Wissen liegt darin, daß Weisheit Wissen einen Schritt weiterführt, es anwendet und zu einer kreativen, lebendigen Sache macht, während Wissen ohne praktische Anwendung nur nutzlosen, toten Ballast darstellt.

Die eigene Wirklichkeit erschaffen

Die Mythologie der nordamerikanischen Indianer sagt uns, daß diese Welt nichts anderes ist als ein Gedanke von Wankan Tanka, dem Großen Geist. Wir haben gesehen, wie Geistenergie verdichtet wird und erst seelische, dann mentale, emotionale und physische Energie und materielle Wirklichkeit schafft. Die physische Welt, die Sie umgibt, und all das Drum und Dran Ihres Lebens hier auf der Erde ist ursprünglich nichts als Gedankenenergie. Diese kreative Gedankenenergie wurde entweder willentlich oder unwillentlich auf die richtige Weise aktiviert, um sie zu den kompakteren Energien des Emotionalen, Physischen und Materiellen zu verdichten.

Gedankenenergie wird ununterbrochen und für gewöhnlich unbewußt in materielle Wirklichkeit transformiert. Sehen Sie sich um, möglicherweise stellen Sie fest, daß ein Großteil des Drum und Dran Ihres Lebens, Ihr Zuhause, Ihr Beruf, sogar Ihre Familie den Anfang in einer bloßen Vorstellung genommen haben. Vielleicht wissen Sie also schon, wie Sie Ihre Gedanken erden können, um sie auf einer anderen Ebene zu verwirklichen. Wie konnte das geschehen? Mußten Sie sehr hart daran arbeiten, oder war es nur Glück?

Gedankenenergie muß stark genug sein, um sich verdichten zu können, und muß außerdem auf die richtige Weise aktiviert werden. Sitzungen tiefer Konzentration, um Energie auf Ihre Visionen der von Ihnen gewünschten Zukunft zu projizieren, sind jedoch nicht erforderlich. Sie wissen jetzt schon genug darüber, wie Energie und vor allem Ihre eigene sich bewegt, um Ihre Gedanken in Übereinstimmung mit dem Rest Ihres Seins zu bringen und all die Energie einzusetzen, die Sie durchfließt, um Ihre Gedanken zu verstärken. Tatsächlich ist Harmonie der Schlüssel. Praktizierende der Hexerei und Schwarzen Magie haben es sehr viel schwerer, als sie es eigentlich haben müßten. Es kostet sehr viel mehr Kraft, zu manipulieren und zu kontrollieren, als mit der umgebenden Welt in Harmonie und kooperativer Liebe zusammenzuarbeiten. Achten Sie darauf, wie leicht ein Vogel in der Luft fliegt, auf den Luftströmungen gleitet, instinktiv weiß, wie er mit den natürlichen Kräften der Luft zusammenarbeiten muß, und dennoch fähig ist, seinen eigenen Kurs beizubehalten und selbst seine Richtung zu wählen. Und dann machen Sie sich klar, wieviel Energie die Menschheit in ihre Versuche steckt, den Luftraum zu erobern. Es stimmt schon, die Menschheit kommt in der Regel ebenfalls an den Orten an, die sie erreichen will, aber geben Sie sich darüber keinen Illusionen hin, was es sie und ihre Umwelt kostet. Treffen Sie jetzt Ihre Wahl, ob Sie wie ein Vogel oder wie ein Hubschrauber fliegen wollen. Möchten Sie Harmonie schaffen mit den Energiemustern der Natur und all der Geschöpfe, mit denen Sie sie teilen, oder wollen Sie diese Energien zu Ihrem persönlichen Nutzen manipulieren? Sollten Sie sich für letzteres entschieden haben, dann fürchte ich, lesen Sie das falsche Buch!

Es sollte klar sein, daß nur bestimmte Gedankenformen gestärkt werden können, indem Sie Ihrer gesamten Lebenskraft gestatten, durch sie hindurchzufließen. Alle, die sich in Disharmonie mit einer oder mehreren Ebenen ihres Seins befinden, werden dadurch geschwächt. Wenn Sie beispielsweise darüber nachdenken, ob Sie in eine andere Gegend ziehen sollen, Ihre mineralische und Ihre pflanzliche Ebene jedoch wissen, daß der Ort, an dem Sie leben, für Sie und Ihre Gesundheit richtig ist und beide unter einem Umzug leiden würden, dann würden sich diese Ebenen Ihres Selbst nicht nur weigern, Ihren Gedanken Energie zur Verfügung zu stellen, sondern sie würden vermutlich sogar noch Energie von ihnen abziehen. Das ist der Grund, warum es so wichtig ist, sich aller Ebenen Ihres Seins bewußt zu sein und bereitwillig mit ihnen zusammenzuarbeiten. Wie Sie bereits wissen, ist die einzige Ebene, auf der Sie sich einen entsprechenden Überblick verschaffen können, Ihre Seelenebene, und deswegen rate ich Ihnen, eine Reise in die Obere Welt zu unternehmen, um die Auswirkungen der Gedanken, die Sie aktivieren möchten, näher zu betrachten, bevor Sie sie weiterverfolgen.

Wenn Sie dann davon überzeugt sind, daß sich Ihre Gedanken in harmonischer Übereinstimmung mit allen Ebenen Ihres Seins befinden, wie stellen Sie es dann an, Energie zu ihrer Stärkung in sie einfließen zu lassen? Hierzu müssen wir einen Zugang sowohl zu unseren männlichen wie zu den weiblichen Energien finden. Dies geschieht durch eines der Tor-Chakras, an dem die beiden Strahlen über Kreuz laufen. Am besten geeignet zu diesem Zweck ist das Hals-Chakra, da es zugleich das Sprachzentrum ist. Indem wir die Gedanken, die wir stärken wollen, einfach in der Form einer Affirmation aussprechen, bringen wir sie in harmonischen Kontakt mit all unseren Energien. Es ist wichtig, daß Ihre Affirmation positiv ist, zum Beispiel: «Ich werde aufhören zu rauchen», oder: «Ich werde aufs Land ziehen»; statt negativ wie: «Ich will nicht mehr rauchen», oder: «Ich will hier nicht mehr länger leben». Dies sollten Sie auf einer regelmäßigen Basis wenigstens zweimal am Tag so lange tun, wie es erforderlich ist, um Ihre Gedanken auf der physischen Ebene zu manifestieren.

Die Herstellung einer Gebetsfeder

Der nächste Schritt besteht in der Aktivierung Ihrer Gedanken. Bis zu einem gewissen Grade ist dies bereits geschehen. Die Methode, die ich lehre, dient nicht nur als Schutz, damit nur harmonische Gedanken energetisch aufgeladen werden können, sondern sorgt auch dafür, daß die Gedanken, die mit Ihrer Lebensenergie zu fließen beginnen, in Ihrem Leben aktiv werden. Um die Wirkung dieser Methode noch weiter zu verbessern, können Sie die Adaption eines traditionellen Hilfsmittels der nordamerikanischen Indianer, eine Gebetsfeder, verwenden.

Die Definition des *Oxford English Dictionary* für Gebet lautet: «Ein feierliches Ersuchen oder eine flehentliche Bitte». Das Gebet kann auch ein «Danksagen» sein. Diese beiden unterschiedlichen Bedeutungen fassen die Vorstellung gut zusammen, daß Energie in Materie einfließt und dann dorthin zurückkehrt, woher sie ursprünglich kam. Es ist wichtig, sich daran zu erinnern, daß die Energie, die wir benutzen, um unsere Gedanken zu verstärken, nicht im Verstand ihren Ursprung hat, sondern lediglich durch ihn hindurchgeleitet wird.

Beginnen Sie Ihre Suche nach einer Feder mit der *Absicht*, «höhere Energien durch die kreative Kraft Ihres Verstands auf eine Weise zu lenken, die ihnen auf anderen Ebenen Realität gibt». Vögel sind Geschöpfe der Luft, das Element, welches gewöhnlich mit Gedanken und dem Norden assoziiert wird. Sie sind außerdem Lebewesen, die sich über die Erde erheben und daher den Reichen von Seele und Geist näher kommen als wir. In manchen Traditionen meint man, daß die Seele die Form eines

Vogels annimmt, wenn sie den Körper im Schlaf oder beim Tod verläßt.

Ihre Suche nach der richtigen Feder kann entweder Stunden, Tage oder Wochen dauern, oder aber Sie stellen fest, daß es die Feder ist, die Sie zum richtigen Zeitpunkt findet. Denken Sie daran, daß alles, was Sie von einem Vogel unter Schmerzen oder mit Angst verbunden erhalten, mit solchen Energien aufgeladen ist, die Ihnen bei Ihrer Arbeit nicht hilfreich sind. Solange Sie selbst jedoch in keiner Weise zum Leiden der Kreatur beigetragen haben, können Sie die Feder dennoch verwenden, wenn Sie sie mittels einer Räucherung sorgfältig reinigen.

Sie werden Ihre Feder verwenden, um die Energie zur Erde zu kanalisieren, die Sie zur Aktivierung Ihrer Gedanken benötigen. Sie kann auf jede nur erdenkliche und für Sie angemessene Weise geschmückt werden, beispielsweise unter Verwendung von Substanzen oder Farben, die mit den einzelnen Ebenen des Seins verbunden sind, mit denen Sie arbeiten.

Wenn Sie bereit sind, gehen Sie an einen Platz in der Natur, wo Sie ungestört arbeiten und Ihre Feder in dem Wissen zurücklassen können, daß sich niemand an ihr zu schaffen macht. Bereiten Sie sich auf die gewohnte Weise auf Ihre schamanische Arbeit vor. Dann nehmen Sie Ihre Feder in die rechte Hand (oder in die linke, wenn Sie Linkshänder sind) und sprechen Ihre Affirmation laut aus. Fahren Sie darin fort, bis Sie anfangen zu spüren, wie die Energie, die Sie damit erzeugen, durch Ihre Feder fließt. Das kann eine Zeitlang dauern. Machen Sie sich keine Sorgen, wenn Ihre Affirmation zu einem Sprechgesang oder Lied wird. Sie reagieren auf die Vibration der Energie, die durch Sie hindurchfließt, und singen ein wahres Kraftlied. Es kann vorkommen, daß der Klang der Worte, die Sie singen, sich leicht verändert, weil Sie eine stärkere Verbindung zu ihnen herstellen, die über das, was Sie gelernt haben, hinausgeht.

Sobald Sie spüren, daß die Energie durch Ihre Feder hindurchströmt, stecken Sie sie so in die Erde, daß sie aufrecht steht. Die höheren Energien, die Ihre Gedanken aktivieren werden, sind nun mit der Erde verbunden, wo sie sich schließlich zu materieller Wirklichkeit verdichten.

Sie wollen vielleicht ein symbolisches «Geschenk» machen, als Dankbarkeitsgeste für die spirituellen Energien oder den Großen Geist, der dies geschehen läßt. Ich rate nicht zum traditionellen Opfer von Kräutern oder Tabak, es sei denn, Sie haben diese Pflanzen in Ihrem eigenen Garten gezogen. Bei den modernen landwirtschaftlichen Methoden kommt es mir ein wenig scheinheilig vor, der Erde etwas zu schenken, wozu man, um es zu erlangen, sie zuvor ausgeplündert hat. Es erscheint mir angemessener, wenn Sie ihr einen Teil Ihrer Zeit schenken, um Abfälle oder abgestorbenes Unterholz zu beseitigen, oder vielleicht biologisch gewachsene Körner für die Vögel und kleinen Säugetiere im Winter bereithalten.

Ihre Feder muß nun dort bleiben, wo Sie sie in die Erde gesteckt haben. Vielleicht empfinden Sie es als anregend oder als auffrischend, sie von Zeit zu Zeit zu besuchen, doch sollten Sie sie nicht berühren. Mit der verstreichenden Zeit, in der Sie mehr lernen und sich weiterentwickeln, stellen Sie möglicherweise fest, daß sich auch Ihre Vision von der Zukunft, an deren Verwirklichung Sie gearbeitet haben, ein wenig verändert. Solange wie die Energie zur Schaffung Ihrer Wirklichkeit harmonisch durch Sie hindurchfließt, wird Ihre Gebetsfeder nahezu wie eine Antenne für diese Energie funktionieren und auch weiterhin mit Ihrer wachsenden Vision zusammenarbeiten.

Der Osten

Der Osten, der Ort der aufgehenden Sonne, wurde in vielen Traditionen als Himmelsrichtung verehrt, aus der die Erleuchtung kommt. Alte Steinkreise sind nach ihr ausgerichtet, und auch viele neuzeitliche Religionen haben ihre Altäre so gebaut, um sich vor ihr verneigen zu können. Nicht nur die Sonne, sondern auch der Mond und die Sterne gehen im Osten auf, daher wird er als Ort der Ursprünge und der Anfänge gesehen. In der christlichen Weihnachtsgeschichte kommen die Weisen aus dem Osten, und dies ist auch in anderen Traditionen ein verbreitetes Thema. Folglich handelt es sich bei der Weisheit um eine weitere Eigenschaft, die dem Osten zugeordnet wird. Wie wir bereits erlebt haben, könen Weisheit und spirituelle Erleuchtung nur durch unser höheres Selbst oder unsere Seele, in der unser irdisches Selbst seinen Ursprung hat, zu uns kommen. Also ist der Osten im Medizinrad mit den Seeleneigenschaften Erleuchtung und Initiation verbunden. Es ist unser seelischer Energiekörper, mit dem wir über den Osten in Verbindung treten wollen.

Stehen Sie, um dies würdigen zu können, an einem schönen Tag vor dem Morgengrauen auf, und begeben Sie sich an einen klaren, natürlichen Ort. Setzen Sie sich bequem auf den Boden, und machen Sie sich die Dunkelheit, die Sie umgibt, bewußt. Spüren Sie, wie sie Sie umfängt und dabei zugleich tröstlich und ein wenig furchterregend ist. Wenn Sie sie willkommen heißen, erleben Sie möglicherweise ein tiefes Gefühl des Friedens und der Ruhe. Geben Sie sich genug Zeit, um dieses Gefühl des Einsseins mit der Dunkelheit und der Stille der Nacht zu erreichen. Wenn sich der Morgen nähert, dann erleben Sie dies vielleicht schon lange, bevor Ihre Augen noch ein Zeichen für das Zunehmen des Lichts erkennen, als gesteigerte Erwartung und Erregung.

Beobachten Sie sich und Ihrem Umgebung sehr sorgfältig, wenn die ersten Sonnenstrahlen über den Horizont kriechen. Wie fühlt sich Ihr Körper an? Verändert sich das Bewußtsein, mit dem Sie ihn wahrnehmen, auf irgendeine Weise, wenn das erste Licht auf ihn fällt? Bemerken Sie Veränderungen von Temperatur und Wetterbedingungen, die mit dem zunehmenden Licht einhergehen? Wie reagieren die Pflanzen in Ihrer Umgebung? Machen Sie sich alle Geräusche, Gerüche oder andere Sinneseindrücke bewußt.

Nun, wie steht es mit Ihren Gefühlen? Sind Sie freudig erregt oder deprimiert? Friedlich oder aufgeregt? Gücklich oder traurig? Beeinflußt das zunehmende Licht Ihre Gefühle auf positive oder negative Weise? Sollten Sie sich getrieben fühlen, eine spezielle Haltung einzunehmen oder bestimmte Bewegungen zu machen, dann geben Sie diesem Drang freien Lauf. Vielleicht ist Ihnen nach Singen, was die Vögel mit Sicherheit bereits tun. Können Sie andere Tiere in Ihrer Nähe entdecken und erkennen, wie sie auf die Morgendämmerung reagieren?

Nehmen Sie jegliche abschweifenden Gedanken oder mentalen Bilder wahr, die Ihnen in den Sinn kommen. Seien Sie empfänglich für plötzliche Geistesblitze oder Einsichten, die Sie möglicherweise erleben. Tun Sie nichts davon ab, aber versuchen Sie auch nicht, etwas festzuhalten. Nehmen Sie lediglich Notiz davon, und lassen Sie zu, daß sie dann weiterziehen und Sie eventuell zu weiteren und tieferen Einsichten führen oder den Weg für das frei machen, was noch folgt.

Sie sind in keiner Weise am Sonnenaufgang beteiligt, Sie beobachten und erleben ihn lediglich. Wenn Sie meinen, daß der richtige Moment dafür gekommen ist, dann ist es gut, wenn Sie alles, was Sie wahrgenommen haben, aufschreiben, da kleinere Einzelheiten später leicht übersehen und vergessen werden können. Sie haben damit die Beschreibung Ihrer eigenen persönlichen Erfahrung dessen, wie Seelenenergie sich auf jeder Ebene Ihres Seins und in der Sie umgebenden Welt bewegt. Als der Morgen graute, hat sich Ihr Körper da warm und kribbelig angefühlt oder kalt und ruhig? Wie immer es sich für Sie verhielt, es ist richtig so für Sie. Halten Sie Ausschau, ob dieses Gefühl wiederkommt, lernen Sie, es zu erkennen und willkommen zu heißen, denn so fühlt sich Ihr Körper an, wenn er Führung und Weisung durch Ihr höheres Selbst erfährt.

Da ich dieses Buch von meiner Seelenebene aus schreibe, vermag ich ein bestimmtes Gefühl in meinem Körper zu erkennen, das mir versichert, daß sich meine Finger auf den Tasten des Computers unter der direkten Führung meines höheren Selbst befinden und nicht, wie es oft der Fall ist, die Diener meines Verstandes sind. Lernen Sie es, diese Erfahrung auch dann zu erkennen, wenn Sie sie mit Ihrem emotionalen oder mentalen Energiekörper machen. Schließlich werden Sie vielleicht bemerken, daß Sie fähig sind, sich direkt auf Ihre Seelenenergie einzustimmen, indem Sie Ihren Körper, Ihre Gefühle und Ihren Verstand direkt auf das Muster einstellen, daß Sie zu erkennen gelernt haben. Dann werden Sie wahrhaftig anfangen, ein Geschöpf der fünften Welt zu sein, in der alle anderen Ebenen Ihres Selbst harmonische Partner unter der liebevollen Führung Ihres höheren Selbst sind.

Oben

Die Richtung, aus der die Lichtquelle oder Energie kommt, die alle anderen Himmelsrichtungen erhellt, ist natürlich oben. In allen Traditionen wird Geist als etwas gesehen, das über der Materie steht, entweder wortwörtlich oder im übertragenen Sinne. Ebenso, wie das Leben auf der Erde ohne das Licht und die Wärme der Sonne nicht möglich wäre, so ist auch Materie ohne Geist nicht denkbar.

Das geistige Wesen, welches die Hauptverantwortung für uns und für alle Lebensformen auf der Erde und im gesamten Sonnensystem trägt, wurde von den nordamerikanischen Indianern als Großer Geist bezeichnet. Andere Traditionen verwenden zwar einen anderen Namen für dieses Wesen und in manchen Fällen sogar mehrere Namen, mit denen unterschiedliche Aspekte bezeichnet werden, doch in der einen oder anderen Form behalten sie das Grundverständnis von ihm als Bringer von Licht und Leben und seine Verbindung mit der Sonne bei. Angefangen beim persischen

Ahura Masda, über den Ra der alten Ägypter, den Zeus und Apollon der antiken Griechen und Römer bis hin zum Christus der Christen, dem «Bringer des Lichts» und dem Sohn Gottes, der in den meisten Geheimtraditionen mit dem Erzengel Michael, der von der Sonne kommt, verbunden ist.

Eine Suche nach dem Geist

Wenn wir, wie unsere Vorfahren es getan haben, die Sonne als physischen Repräsentanten der Quelle allen Geistes begreifen, was können wir dann daraus lernen, nicht nur, um unseren Einblick in die wahre Spiritualität zu vertiefen, sondern auch, um unser Leben in größerer Harmonie mit unserer geistigen Essenz zu führen?

> Die Aneignung dieses Wissens, welches den Sinn weiterer schamanischer Suche darstellt, ist empfehlenswert. Wählen Sie für diesen Zweck einen geeigneten Tag oder, wenn es möglich ist, sogar mehrere Tage. Ein strahlender, sonniger Tag wäre ideal, aber machen Sie sich keine Sorgen, wenn ein solcher nicht zu erwarten ist. Die Sonne ist immer vorhanden, selbst wenn man sie gerade nicht sehen kann, und vielleicht ist es ja das, was Sie lernen müssen.
>
> Ich rate Ihnen, eine schamanische Reise in die Obere Welt zu unternehmen und Ihr höheres Selbst um Führung oder eine Lehre zu bitten, die es Ihnen bezüglich Ihrer Suche geben kann, bevor Sie zu viele Pläne machen. Manche Menschen haben die Erfahrung gemacht, daß sie in dem Teil des Jahreskreises, in dem sie geboren wurden, zu größeren Einblicken fähig sind, da sie sich dann in Übereinstimmung mit dem Teil befinden, den ihr eigener geistiger Strahl annahm, als er sich materialisierte. Dies trifft jedoch mit Sicherheit nicht auf jeden zu, und nur Ihr eigenes höheres Selbst ist in der Position zu wissen, was für Sie am besten ist.
>
> Auch bei der Wahl des Ortes benötigen Sie die Führung Ihres

höheren Selbst. Natürlich sollte es sich um einen Platz im Freien handeln, an dem eine Störung unwahrscheinlich ist. Sollten Sie jedoch gestört werden, dann brechen Sie Ihre Suche nicht ab, denn, in welcher Form auch diese Störung zu Ihnen kommt, sie wird einen Teil des Lernens ausmachen, das Sie suchen.

Sollten Ihnen schamanische Reisen Schwierigkeiten bereiten, dann seien Sie versichert, daß Ihr höheres Selbst dennoch bei Ihnen ist, Sie so, wie es kann, zu unterstützen und Ihnen zu helfen wünscht. Versuchen Sie also nur, sich für diese Hilfe und Führung zu öffnen und auf die Weise, die Ihnen angemessen scheint, danach zu handeln.

Vielleicht ist Fasten für Sie richtig, vielleicht aber auch nicht. Sollten Sie es damit versuchen wollen und sich in einem guten allgemeinen Gesundheitszustand befinden, dann achten Sie darauf, genügend Flüssigkeit zu sich zu nehmen und es nicht zu übertreiben. Sollten Sie sich an einem abgelegenen Ort befinden und falls das Wetter es zuläßt, wäre es möglicherweise gut, wenn Sie nackt wären. Für den Fall, daß Sie auf einer Polizeistation enden, rate ich Ihnen, ein Exemplar dieses Buches bei sich zu haben, um die Dinge besser erklären zu können.

Sie sollten inzwischen in schamanischer Arbeit erfahren genug sein, um sich selbst der Lehre öffnen zu können, die Ihnen, in welcher Form auch immer, zuteil wird. Der folgende Text (ein Auszug aus der Aufzeichnung einer meiner eigenen schamanischen Reisen) ist nur ein Beispiel. Er hat nicht das Ziel, Sie zu führen oder Ihre eigene direkte Verbindung zum Geist zu ersetzen oder zu übertreffen. Ich wünsche Ihnen Freude, Erfolg und Erfüllung bei der höchsten Suche.

Die Sonne schien auf mich und auf den Ozean vor mir nieder. Mit geschlossenen Augen blickte ich ihr ins Gesicht. Es schien mir das Gesicht eines Löwen zu sein. Arme streckten sich beiderseits des Gesichts aus, zogen

mich zu sich, hielten mich in einer Umarmung unendlicher Wärme, unendlicher Liebe umfangen.

Ich werde mir meines inneren Lehrers bewußt, der mir sagte, daß ich die Augen öffnen und das Meer ansehen sollte.

Ich betrachtete das Meer lange Zeit. Tage ... Wochen ... vielleicht Monate oder Jahre. Ich sah es in all seinen unterschiedlichen Aspekten; Schöpfer und Zerstörer; die Gelassenheit eines ruhigen Tages, das Entsetzen des Sturms; Freund, Feind, Geliebter, Mutter, Kind und Meister. Die Schönheit der Wolken, jede, die vorbeiglitt, anders; die Kraft der Flüsse und Bäche, wenn sie wiederkehrten.

Und ich sah mein Leben mit all seinen Freuden und Leiden, Hoffnungen und Ängsten. Ich sah die Vielfalt allen Lebens, und ich begriff, daß so, wie die Essenz des Meeres in all seinen Aspekten einfach das Wasser ist, so ist die Essenz meines Lebens oder meines Geistes einfach Liebe, welche die Essenz alles Lebens ist.

So wie die Stürme und Fluten, ebenso wie Stille und Schönheit die Ausdrucksformen des Wassers sind, so sind all die unterschiedlichen Aspekte meines Lebens Ausdrucksformen der Liebe. Das unermeßliche, komplizierte Wesen, das wir darstellen, ist einfach unsere Ausdrucksform der Liebe, die unsere Essenz ist, und diese Essenz ist es, die auf die Dinge zugeht und wie das Meer alles berührt und erfaßt.

Das Zentrum

Wo stehen Sie in Ihrem eigenen persönlichen Medizinrad? Haben Sie für sich einen Kreis aus Steinen oder anderen Dingen gelegt, die sich für Sie richtig anfühlten, oder haben Sie sich an einem klaren

Tag auf die höchste Stelle eines Hügels gestellt, den Kreis des Horizonts beobachtet und nach Markierungen gesucht, die andere vielleicht zurückgelassen haben, als sie die Kreisform ihres eigenen Lebens im Verhältnis zum größeren Kreis des Lebens begriffen, dessen Bestandteil sie waren und noch immer sind? Bäume, Felsen und Gebäude können allesamt Bestandteile des Lebensrads sein, wie Ihre Vorfahren es erkannten, und darauf warten, ihre Weisheit und ihre Einsichten, die der Grund sind, warum sie dort hingesetzt wurden, mit demjenigen zu teilen, der bereit ist zuzuhören.

Doch wo stehen Sie? Die Antwort auf diese Frage muß nicht unbedingt «im Zentrum» lauten, denn es ist der Punkt vollkommenen Gleichgewichts und vollkommener Harmonie, der Ort, an dem alle Kräfte zusammenlaufen und eins werden, der Ort von Einheit und Stille. Sie werden mit ziemlicher Sicherheit immer dann, wenn Sie vom Mittelpunkt Ihres Kreises aus arbeiten wollen, eines Ungleichgewichts gewahr werden und sich aus der Kreismitte hinausgezogen fühlen, um sich mit einem weiteren Aspekt Ihres Selbst zu beschäftigen. So soll es sein. Das ist der Grund, warum wir uns in diesen Körpern befinden und zum jetzigen Zeitpunkt auf der Erde leben. Wir arbeiten uns zu Gleichgewicht und Harmonie vor, doch wir haben beides noch nicht erreicht. Obwohl wir alle, wenn wir die Vollkommenheit unseres Zentrums erleben, Augenblicke der Ausgeglichenheit und des Friedens kennen, so werden sie uns doch nur deshalb zuteil, um uns an unseren Zweck zu erinnern und daran, daß er schließlich erreicht werden kann.

Zuletzt wird klar werden, daß das Zentrum nicht ein einziger isolierter Punkt, sondern tatsächlich der gesamte Kreis ist, der sich im vollkommenen Zustand von Gleichgewicht, Harmonie und Ganzheitlichkeit befindet. Das ist das Ziel, das wir letztendlich alle anstreben. Wir suchen nicht nur die Vollkommenheit unserer eigenen Kreise, sondern durch sie die Vollkommenheit des größeren Kreises, von dem wir ein Teil sind.

Schlußbemerkung

Als ich mich auf die Reise begab, um eine Bestätigung für die Informationen in *Der Kreis und die Schlange* einzuholen, erhielt ich die folgende Botschaft.

«Ja, aber die Dinge sind nicht so, wie du denkst. Sie gehen weit, weit über das hinaus, was der Verstand zu fassen vermag. Was du als die ganze Leiter wahrnimmst, ist in Wahrheit nichts als die erste Sprosse.»

Ich bedauere es, daß ich gegenwärtig nicht mit Ihnen weiterreisen kann. Es scheint so, als hätten wir eine weite Strecke miteinander zurückgelegt, doch wer vermag die Entfernung, die wir zurückgelegt haben, zu messen, wenn doch der bewältigte Weg nur uns selbst bekannt ist? Was vor uns liegt, ist wahrhaftig ehrfurchtgebietend und mitunter auch ein wenig beängstigend.

Was ist erreicht worden? In der Vergangenheit hätte ein Schamane seine Schüler durch Erfahrungen geführt, die in diesen die Kanäle geöffnet hätten, durch die ihr eigenes Lernen und die eigene Entwicklung hätten erfolgen können. Diese Kanäle waren nicht dazu beschaffen, an eine äußere Quelle der Weisheit oder Macht angeschlossen zu werden, sondern dazu, die einzelnen Ebenen im Inneren miteinander zu verbinden, damit sie so vollständig, verwirklicht und harmonisch wurden, wie es nur möglich war. Sobald dies erreicht war, wurde die Verbindung zu dem Teil ihrer selbst hergestellt, der heilen und helfen konnte, nicht nur ihren Mitmenschen, sondern auch jeder Ebene des Seins, mit der sie in Berührung kamen.

Die alten Methoden gibt es nicht mehr, und sie wären auch nicht mehr angebracht. Dieses Buch ist statt eines menschlichen Lehrers zu Ihnen gekommen, bei dem Sie früher vielleicht einmal einen bedeutenden Teil Ihres Lebens in die Lehre hätten gehen müssen. Schon indem Sie es lesen, werden die Kanäle in Ihnen langsam frei. Dies geschieht unabhängig von der Reaktion oder Meinung, die Ihr Verstand vielleicht entwickelt haben mag und die weitgehend eine durch Ihre Erziehung bedingte Reaktion ist. Sollten Sie sich dazu entschieden haben, das Buch durchzuarbeiten, dann wird dies Ihr Leben verändern. So einfach ist das. Sobald die Kanäle erst einmal geöffnet sind, lassen sie sich nur mit großen Schwierigkeiten wieder schließen.

Ich kann keine Garantien dafür geben, was Sie in Ihrem Inneren finden werden. Ich kann jedoch versprechen, daß Hilfe, wenn Sie sie benötigen sollten, für Sie da sein wird. Sie müssen sie lediglich erkennen und annehmen. Wir alle haben erfahren, daß Veränderungen, auch hin zum Besseren, schmerzhaft sein können. Und je freier die Kanäle in Ihnen werden, desto mehr Veränderungen stehen Ihnen bevor.

Doch wohin gehen Sie von hier aus? Fahren Sie in Ihrer Arbeit mit der Schlange fort, bleiben Sie auf dem spiralförmigen Weg, um das Gleichgewicht und die Harmonie aufrechtzuerhalten, die für Ihre Gesundheit und Ihr Wachstum erforderlich sind. Spüren Sie Ihren Kreis und durch ihn, daß Sie mit den Myriaden anderer Kreise, die sich an den Ihren anfügen, verbunden sind, nach denen Sie vertrauensvoll die Hand ausstrecken können.

Einige der offensichtlichsten Verbindungen und Bindeglieder zwischen den Mythen, Legenden, Symbolen und spirituellen Traditionen aller Kulturen werden für Sie nun einsichtig sein. Es gibt noch so vieles, was Sie lernen und verstehen könnten, doch vernachlässigen Sie nicht die reichste Mythen- und Symbolquelle, die Ihnen zur Verfügung steht und die natürlich Ihre eigene ist. Man kann ewig in den verschiedenen Quellen von Weisheit und Gelehrtheit suchen und doch nie das finden, was für einen selbst relevant und bedeutsam ist. Es gibt einen Teil in Ihnen, der genau weiß, wer Sie sind, wohin Sie gehen und welchen Weg Sie dazu nehmen müssen. Es soll Ihr wichtigstes Ziel sein, sich bewußt mit diesem Teil Ihrer selbst zu verbinden, ihm mehr zu vertrauen als Ihrem Verstand, Ihren Gefühlen und Ihrem physischen Appetit. Sobald Sie wirklich Sie selbst geworden sind, haben Sie die Quelle aller Mythen und allen esoterischen Wissens der Welt gefunden und können sie nun direkt an ihrem Ursprung studieren, statt die Fragmente, die heute überall in der Welt verstreut sind, zusammensuchen und begreifen zu müssen.

Dies ist die letzte Aufgabe und größte Suche, die ich von Ihnen verlange. Werden Sie zu dem überwältigenden Wesen, das Sie tatsächlich sind – wachen Sie auf, und werden Sie Sie selbst!

Literatur

Bates, Brian, *The Way of Wyrd.* London: Arrow Books, 1986.

Blofeld, John, *I Ging. Das Buch der Wandlungen.* Bern/München: O. W. Barth, 1991.

Boissiere, Robert, *The Return of Pahana.* O. O.: Bear & Co., 1990.

Bruchac, Joseph, *Native American Stories.* O. O.: Fucrum Publishing, 1991.

Bryant, Page, *The Aquarian Guide to Native American Mythology.* London: Aquarian Press, 1991.

Colum, Padraic, *Der Königssohn von Irland.* Dornach: Goetheanum, 1983.

Cowan, James, *Letters from a Wild State.* Shaftesbury: Element, 1991.

Cowan, James, *Offenbarungen aus der Traumzeit. Das spirituelle Wissen der Aborigines.* München: Goldmann, 1997.

Davidson, John, *Subtle Energy.* Saffron Walden: C. W. Daniel, 1987.

Donner, Florinda, *Shabono – Eine Frau bei den Schamanen Südamerikas.* München: Droemer Knaur, 1996.

Feldmann, Susan, *The Storytelling Stone: Myths and Tales of the American Indians.* New York: Dell, 1965.

Gidley, M., *With One Sky Above Us.* O. O.: Windward, 1979.

Green, Roger Lancelyn, *Myths of the Norsemen.* London: Puffin, 1970.

Hamel, Peter Michael, *Durch Musik zum Selbst.* Kassel: Baerenreiter, 1992.

Harner, Michael, *Der Weg des Schamanen. Ein praktischer Führer zu innerer Heilkraft.* Reinbek: Rowohlt, 1996.

Jung, C. G., *Erinnerungen, Träume, Gedanken.* Olten: Walter, 1984.

King, Serge Kahili, *Der Stadt-Schamane. Ein Handbuch zur Transformation durch HUNA, dem Urwissen der hawaiianischen Schamanen.* Freiburg: Lüchow, 1992.

Lucas, Penelope, *Wilderness Moon.* London: Corgi, 1992.

Meadows, Kenneth, *Earth Medicine.* Shaftesbury: Element, 1989.

Meadows, Kenneth, *The Medicine Way.* Shaftesbury: Element, 1990.

Meadows, Kenneth, *Das Netz der Kraft. Praktische Anleitung zum Schamanismus in heutiger Zeit.* München: Irisiana, 1993.

Meadows, Kenneth, *Das große Buch des Schamanismus. Der sanfte Weg zu Weisheit, Kraft und innerer Harmonie.* München: mvg, 1996.

Ozaniec, Naomi, *Die Chakras.* Braunschweig: Aurum, 1993.

Pennick, Nigel, *Practical Magic in the Northern Tradition.* London: Aquarian Press, 1989.

Rael, Joseph E., *Beautiful Painted Arrow.* Shaftesbury: Element, 1992.

Schwarzer Hirsch, *Ich rufe mein Volk,* herausgegeben von John G. Neihardt. Göttingen: Lamuv, 1986.

Storm, Hyemeyohsts, *Sieben Pfeile. Indianische Initiation in unserer Zeit.* München: Heyne, 1997.

Walsh, Roger N., *Der Geist des Schamanismus.* Olten: Walter, 1992.

Young, Ella, *Keltische Mythologie.* Stuttgart: Mellinger, 1996.

Zukav, Gary, *Die Spur zur Seele.* München: Heyne, 1990.

Trommelmusik auf Kassette

Eine von Kenneth Meadows produzierte Kassette mit Trommelmusik für die schamanische Reise ist erhältlich über:
Peridot Publishing
27, Old Gloucester Street
GB-London WC1N 3XX.

Kontaktadresse

Namua Rahesda
c/o The Amethyst Centre
The Old Chapel
Chapel Street
Robin Hood's Bay
GB-Whitby, North Yorkshire.

transformation

«Und wenn der große Phönix frei fliegt, sieh genau hin, was er behutsam zwischen seinen Krallen trägt.» *No-Eyes*

Stephen Arroyo
Astrologie, Psychologie und die vier Elemente
(transformation 8579)
Einer der führenden Astrologen Amerikas skizziert die Bedeutung der vier Elemente als archaische Kräfte für die Seele und weist auf die bislang ungenutzten Möglichkeiten hin, astrologisches Wissen in der Psychotherapie einzusetzen.

Deborah Cowens / Tom Monte
Die Gabe des Heilens *Die Praxis der Energieheilung*
(transformation 60382)

Paul Hawken
Der Zauber von Findhorn *Ein Bericht*
(transformation 7953)
Ein Erlebnisbericht aus der berühmten New Age-Community.

Gabriele Quinque
Tempelschlaf *Ägyptische Einweihung als Reise zum inneren Geheimnis*
(transformation 60271)

Uma Silbey
Fahrkarte zur Erleuchtung *Der Alltag als spiritueller Weg*
(transformation 60149)

Peter Orban / Ingrid Zinnel
Personare *Die zwölf Personen im Inneren der Seele*
(transformation 9179)

rororo sachbuch

Mary Summer Rain
Der Phönix erwacht *Weisheit und Visionen*
(transformation 8558)
Weltenwanderer *Der Pfad der heiligen Kraft*
(transformation 8722)

Irina Tweedie
Wie Phönix aus der Asche *Mein Abenteuer der Selbstfindung auf dem Weg der Sufis*
(transformation 60148)

Janwillem van de Wetering
Ein Blick ins Nichts
Erfahrungen in einer amerikanischen Zen-Gemeinde
(transformation 7936)
Das Koan *und andere Zen-Geschichten*
(transformation 60270)

Ein Gesamtverzeichnis der Reihe *rororo transformation* finden Sie in der *Rowohlt Revue.* Jedes Vierteljahr neu. Kostenlos in Ihrer Buchhandlung.
Rowohlt im Internet:
http:/ / www.rowohlt.de

Gedanken heilen

Jeanne Achterberg
Gedanken heilen *Die Kraft der Imagination. Grundlagen einer neuen Medizin*
(rororo sachbuch 18548)
«Die neuen Verhaltenstherapien, die die Imagination in den Mittelpunkt stellen, wie zum Beispiel gelenkte Phantasien, Hypnose und Biofeedback haben in kontrollierten Testsituationen ihren Einfluß auf die Immunität bewiesen. Nun, da sich die schwer faßbaren Geheimnisse des menschlichen Geistes zu enthüllen beginnen, spielt sich vor unseren Augen ein faszinierendes, noch nie dagewesenes Drama ab: Das wissenschaftliche Paradigma wechselt, die Metaphern vermischen sich. Es ist ein guter Augenblick zu leben.»
Dr. med. Jeanne Achterberg

Bärbel und Walter Bongartz
Hypnose *Wie sie wirkt und wem sie hilft*
(rororo sachbuch 19133)

Norman Cousins
Der Arzt in uns selbst *Wie Sie Ihre Selbstheilungskräfte aktivieren können*
Mit einem Vorwort von Heiko Ernst
(rororo sachbuch 19307)
Norman Cousins litt an einer tückischen Knochendegeneration, als er beschloß, sich selbst zu heilen: durch Höchstdosen von Vitamin C und – Lachen. Zur Verblüffung aller Fachleute war seine Therapie tatsächlich erfolgreich. Er beschreibt hier seinen sensationellen Heilungsprozeß, der die Wegscheide in der modernen Medizin markiert.

rororo gesundes leben

Volker Friebel
Die Kraft der Vorstellung
Visualisieren: Übungen zur Stärkung des Immunsystems
(rororo sachbuch 19959)

Frauke Teegen
Die Begegnung mit dem Schatten
Erkundungen in den Tiefenschichten des Bewußtseins
(rororo sachbuch 18533)
Körperbotschaften *Selbstwahrnehmung in Bildern*
(rororo sachbuch 19651)

Ein Gesamtverzeichnis aller lieferbaren Titel der Reihe *rororo gesundes leben* finden Sie in der *Rowohlt Revue*. Vierteljährlich neu. Kostenlos in Ihrer Buchhandlung.

Rowohlt im Internet:
http://www.rowohlt.de